Gymnasium Baden-Württemberg

Deutschzeit

3

Arbeitsheft

Erarbeitet von
Catharina Banneck, Ana Cuntz, Lilli Gebhard,
Renate Gross, Franziska Jaap, Sophie Porzelt

Deine **interaktiven Gratis-Übungen** findest du hier:

1. Gib den unten stehenden Zugangscode in die Box ein.
2. Hab viel Spaß mit deinen Gratis-Übungen.

Dein Zugangscode auf
go.cornelsen.de | 2wq5b-2f8eq

Cornelsen

Inhaltsverzeichnis

Vom Stummfilm zum Internetvideo

bearbeitet

Sprache untersuchen

bearbeitet

Rechtschreibregeln und -strategien anwenden

bearbeitet

Kennzeichnungen in diesem Arbeitsheft:

☺ Das ist mir schon gut gelungen.

☹ Hier muss ich noch üben.

S. 259 Verweis zum Schülerbuch

Teste dich! Hier kannst du dein Wissen testen.

Checkliste Hier findest du nochmal die wichtigsten Schritte im Überblick.

Fair Trade

S. 24

Materialgestützt argumentieren

Stell dir folgende Situation vor:
Die Schülervertretung deiner Schule hat gefordert, dass es in eurer Schul-Cafeteria wegen der schlechten Produktionsbedingungen keine herkömmlich produzierten Schokoladenprodukte (z. B. Trink-Schokolade, Schokoladentafeln, Schokoriegel) mehr geben soll und stattdessen nur noch Fair-Trade-Schokolade. Als Mitglied der Schülervertretung begründest du nun in einem Artikel auf der Schul-Homepage diese Forderung.

Die folgenden Materialien helfen dir, gute Argumente gegen herkömmlich produzierte Schokolade und für Fair-Trade-Schokolade zu finden.

Material 1 **Rohstoff für Schokolade: Millionen Kinder müssen auf Kakaoplantagen schuften** *Philipp Seibt*

In Westafrika sollten deutlich weniger Kinder im Kakaoanbau arbeiten – das versprachen Konzerne und Regierungen. Doch eine neue Studie belegt ihr Scheitern: Die Zahl der minderjährigen Arbeiter auf den Plantagen[1] ist stark gestiegen. Dabei könnte jeder Verbraucher etwas dagegen tun.

Es gibt sie in Braun und Weiß und Dunkelbraun, mit Nuss, mit Keks, mit Crisp: Schokolade. Doch der Rohstoff für das, was in Deutschland Millionen Kindern schmeckt, wird in Westafrika auch von Millionen Kindern produziert – allen voran in der Elfenbeinküste und Ghana. 74 Prozent der Jahresmenge an Kakaobohnen importiert die Bundesrepublik Deutschland laut Statistischem Bundesamt aus diesen beiden Ländern. Doch dieser Missstand sollte der Vergangenheit angehören: 2010 vereinbarten die Regierungen der beiden Länder und die Schokoladenindustrie, die Kinderarbeit in ihrer schlimmsten Form bis 2020 um 70 Prozent zu reduzieren. [...] Doch eine Studie der Tulane University belegt nun: Die Zahl der arbeitenden Kinder ist nicht gesunken, sondern sogar gestiegen. Für ihre repräsentative Untersuchung haben die Forscher 2267 Haushalte in Ghana und der Elfenbeinküste befragt [...].

Das Ergebnis: Im Zeitraum 2013/14 arbeiteten in beiden Ländern rund 2,26 Millionen Kinder im Alter von fünf bis 17 Jahren in der Kakaoproduktion. Das sind 443.000 mehr als noch 2008/09. Zum Vergleich: In den Kakao-Anbaugebieten in Ghana und der Elfenbeinküste leben insgesamt etwa sechs Millionen Kinder in

1 die Plantage: landwirtschaftlicher Großbetrieb (meist in tropischen Ländern)

der untersuchten Altersklasse. Nahezu alle diese Kinder – rund 90 Prozent – verrichteten gefährliche Arbeiten. Sie ernteten zum Beispiel mit einer Machete[2] Kakaoschoten, schleppten Säcke mit Kakaobohnen oder Wasser für die Behandlung mit Insektiziden[3]. [...]

Die Initiative „Make Chocolate Fair" sieht die Konzerne in der Pflicht. „Die Schokoladenindustrie verspricht seit 15 Jahren, die Kinderarbeit zu eliminieren[4]", sagt Projektkoordinatorin Evelyn Bahn. [...] Die Schokoladenhersteller haben sich seit 2001 an zahlreichen Projekten beteiligt, sie haben Namen wie „CocoaAction" oder „Forum Nachhaltiger Kakao". Strittig war bislang, ob die Anstrengungen ausreichen. Die neuen Zahlen zeigen nun: Sie tun es nicht. „Die bisherigen Maßnahmen waren nur ein Tropfen auf den heißen Stein", beklagt „Make Chocolate Fair"-Koordinatorin Bahn. Dabei gäbe es aus ihrer Sicht eine so einfache Lösung: höhere Preise für Kakao. Der Grund für die Kinderarbeit sei vor allem die Armut der Bauern, die sich keine erwachsenen Arbeiter leisten können. Laut der International Cocoa Organisation hat sich der Weltmarktpreis für Kakao seit Ende der 1970er-Jahre bis 2005 mehr als halbiert. Seitdem ist es zumindest etwas besser geworden: Die Bohnen wurden in den vergangenen Jahren tendenziell wieder teurer. Die deutsche Süßwarenindustrie sieht jedoch nicht nur sich selbst, sondern auch alle anderen Beteiligten in der Verantwortung: von den Regierungen vor Ort bis zum Einzelhandel und den Verbrauchern in Deutschland. Der Bundesverband der Deutschen Süßwarenindustrie teilte auf Anfrage von SPIEGEL ONLINE mit, man habe den Mitgliedern bereits 2012 empfohlen, den Anteil nachhaltig erzeugten Kakaos[5] in den in Deutschland verkauften Süßwaren in den kommenden Jahren deutlich zu erhöhen. [...]

1 Erschließe den Text. Gehe folgendermaßen vor:

a) Notiere auf den vorgegebenen Zeilen passende Zwischenüberschriften für die einzelnen Absätze.

b) Markiere alle Informationen, die du für deine Argumentation gegen herkömmlich produzierte Schokolade und für Fair-Trade-Schokolade nutzen kannst, mit zwei unterschiedlichen Farben.

c) Notiere die markierten Informationen in der folgenden Stoffsammlung. Benutze auch hier die beiden unterschiedlichen Farben.

Stoffsammlung: Gründe, die gegen herkömmliche Schokolade und für Fair-Trade-Schokolade sprechen

	gesundheitliche Gründe	soziale Gründe	wirtschaftliche Gründe
Material 1			
Material 2			

2 die Machete: südamerikanisches Buschmesser, das zur Ernte benutzt wird
3 das Insektizid: Insektenbekämpfungsmittel, das auf den Feldern verteilt wird
4 eliminieren: beseitigen
5 nachhaltig erzeugter Kakao: Kakao, bei dessen Produktion auf gute Arbeitsbedingungen und faire Löhne für die Bauern geachtet und auf Kinderarbeit verzichtet wird

Informationen aus Diagrammen nutzen

S. 30

Material 2 **Verletzungen von Kindern bei der Kakaoproduktion**

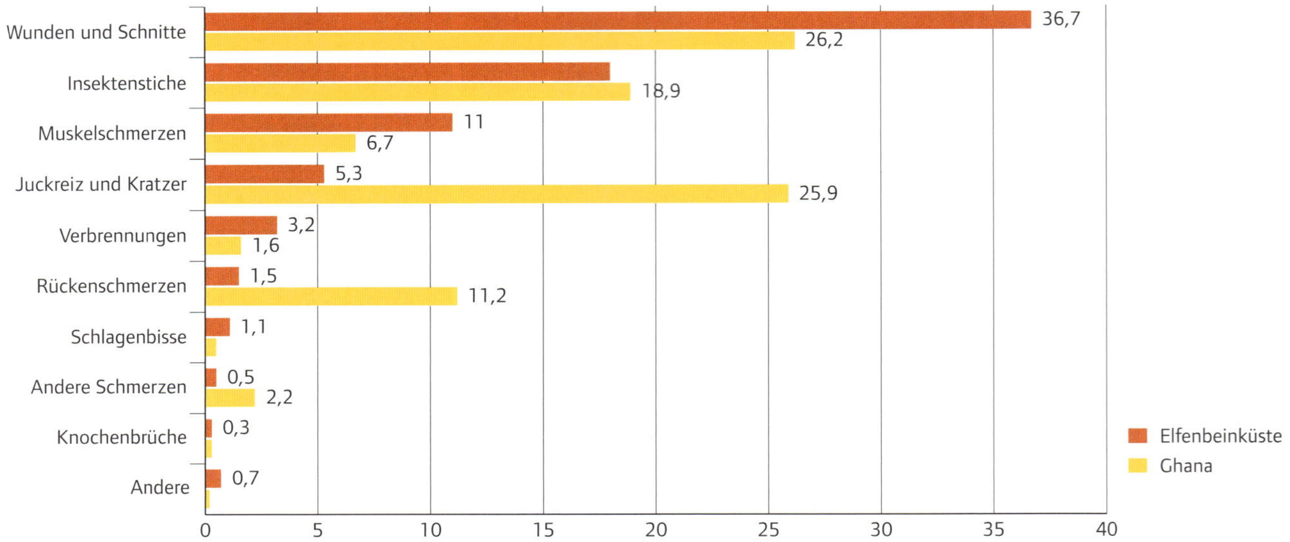

Quelle: Survey Research on Child Labor in West African Cocoa Growing Areas

1 Formuliere das Thema des Diagramms in einem Satz.

2 Werte die einzelnen Angaben des Diagramms aus und notiere die Ergebnisse in Stichpunkten:
– Was ist zu sehen?

– Was ist besonders auffällig? Was überrascht dich?

– Welche Schlussfolgerungen lassen sich aus den Ergebnissen ableiten?

3 Welche neuen Informationen, die gegen den Kauf herkömmlich produzierter Schokolade und für Fair-Trade-Schokolade sprechen, erhältst du in dem Diagramm? Ergänze deine Stoffsammlung auf Seite 5.

Argumente formulieren und ordnen

S. 34

1 Die Verkäuferin in der Schul-Cafeteria meint, dass die Fair-Trade-Schokolade gar nicht so viel mehr koste als die Schokolade ohne Fair-Trade-Siegel. Deshalb könne man mit ein paar Cents viel Gutes tun.
Findest du ihr Argument überzeugend? Begründe deine Entscheidung.

☐ Ich finde das Argument (nicht) überzeugend, weil ____________________

____

____

2 a) Wähle aus deiner Stoffsammlung eine Information aus, die dir besonders wichtig erscheint, und formuliere ein Argument, mit dem du die folgende These begründen kannst.

☐ In der Schul-Cafeteria sollte keine herkömmliche Schokolade mehr verkauft werden, weil ____________________

____

____

b) Begründe in Stichpunkten, warum du dieses Argument ausgewählt hast.

____

____

3 Besonders überzeugende Argumente gehören häufig zu den Argument-Typen *normatives Argument, Faktenargument* oder *Autoritätsargument*. Ordne die nachfolgenden Argumente diesen Typen zu.

☐ Kinder sollten in die Schule gehen und etwas lernen, anstatt auf einer Plantage zu arbeiten, damit sie mehr Möglichkeiten für ihre Zukunft haben. (Typ: ____________________)

☐ Die „Make Chocolate Fair"-Projektleiterin Evelyn Bahn meint, dass der Preis für Kakao angehoben werden müsse. (Typ: ____________________)

☐ 41 % der befragten Menschen sind bereit, mehr Geld für Fair-Trade-Produkte zu bezahlen. (Typ: ____________________)

4 Nummeriere die Argumente aus den Aufgaben 1–3 mit Blick auf die Schüler/-innen deiner Schule nach ihrer Überzeugungskraft (1 = überzeugendstes Argument, 5 = am wenigsten überzeugendes Argument).

Argumente verknüpfen

S. 34

1 a) Ordne zu, ob es sich bei den folgenden Aussagen um eine These, ein Argument oder ein Beispiel handelt. Markiere Signalwörter, wenn vorhanden.

		These	Argument	Beispiel
A	Denn bei der herkömmlichen Produktion von Schokolade werden die Bauern nicht ausreichend bezahlt.		X	
B	Der Konsum von Fair-Trade-Schokolade bedeutet nicht, dass man auf Genuss verzichten muss.			
C	…, da sich die Kinder oft bei der Arbeit verletzen.			
D	Das haben z. B. Blindtests in unserer Schule gezeigt.			
E	Ein Kleinbauer im Kakaoanbau verdient zum Beispiel oft nicht mehr als 1,25 US-Dollar (etwas mehr als 1 Euro) pro Tag.			
F	Als Kunde sollte man darauf achten, dass Schokolade das Fair-Trade-Siegel trägt.			
G	…, weil Fair-Trade-Schokolade genauso gut wie herkömmliche Schokolade schmeckt.			

b) Setze die einzelnen Bestandteile (These – Argument – Beispiel) sinnvoll zu je einer Argumentation zusammen.

c) Ein Argument ist übrig geblieben. Formuliere selbst eine passende These und ein geeignetes Beispiel dazu. Das Diagramm auf Seite 6 kann dir dabei helfen.

Einen argumentativen Artikel verfassen

S. 36

1 Wähle eine geeignete Einleitung für deinen Artikel aus und begründe deine Entscheidung kurz. Alternativ kannst du auch eine eigene Einleitung formulieren und in dein Heft schreiben.

- ☐ A *Wer Schokolade isst, hat manchmal ein schlechtes Gewissen, dass er damit seiner Figur nichts Gutes tut. Aber eigentlich sollte man aus einem ganz anderen Grund ein schlechtes Gewissen haben.*
- ☐ B *Die einen dürfen essen und genießen, die anderen müssen ohne nennenswerten Lohn dafür schuften. Die einen, das sind wir, die anderen, das sind die Kinder in Ghana und der Elfenbeinküste, die für unseren Schokoladengenuss unter menschenunwürdigen Bedingungen arbeiten müssen. Das ist traurig. Das Schöne aber ist, dass wir daran etwas ändern können!*
- ☐ C *Wir alle essen sie gerne, am liebsten sogar täglich: Schokolade! Wenn ich euch aber berichte, unter welchen Bedingungen sie in den Anbauländern Ghana und der Elfenbeinküste produziert wird, bleibt euch das nächste Stück Schokolade vielleicht im Halse stecken.*

Begründung: ____________________

____

____

2 Übernimm die ausgewählte Einleitung in dein Heft und schreibe nun den Hauptteil. Nutze dafür deine Arbeitsergebnisse von den Seiten 7 und 8. Formuliere weitere Argumente mithilfe deiner Stoffsammlung.

3 Formuliere eine Überschrift und einen Schluss für deinen Artikel. Wähle für den Schluss einen der folgenden Satzanfänge aus:
- *Zusammenfassend möchte ich sagen, dass …*
- *In Zukunft erscheint es mir daher wichtig, dass …*
- *Ich möchte euch alle daher dazu auffordern, dass …*
- *Abschließend möchte ich … zitieren: …*

Checkliste ✓	**Materialgestützt argumentieren**	☺	☹
Die Schreibaufgabe klären	✓ Benenne das **Thema**.	☐	☐
	✓ Nenne das **Ziel** deiner Argumentation.	☐	☐
	✓ Benenne die **Adressatinnen/Adressaten** deiner Argumentation.	☐	☐
Informationen sammeln	✓ Informiere dich in Texten und Materialien (z. B. Diagrammen) zum Thema.	☐	☐
	✓ Erstelle eine **Stoffsammlung** mit Informationen zum Thema.	☐	☐
Argumente formulieren	✓ Formuliere eine **These**.	☐	☐
	✓ Formuliere **Argumente**, mit denen du deine These begründen kannst, und **Beispiele** als Beleg. Achte dabei immer auf das Ziel und die Adressatinnen/Adressaten deiner Argumentation.	☐	☐
Einen argumentativen Text verfassen	✓ Formuliere eine aussagekräftige **Überschrift**.	☐	☐
	✓ Verfasse eine **Einleitung**, die das Interesse der Leser/-innen weckt.	☐	☐
	✓ Ordne für den **Hauptteil** deine Argumente nach Wichtigkeit und verknüpfe sie zu einem sinnvollen Text.	☐	☐
	✓ Fasse im **Schluss** deine Meinung nochmal kurz zusammen oder formuliere einen Wunsch, eine Empfehlung oder einen Appell (Aufruf).	☐	☐

Die Macht der Bilder

S. 48

Werbeanzeigen untersuchen und beschreiben

1 a) Betrachte die Werbeanzeige. Worauf fällt dein Blick zuerst? Kreise die Stelle ein.
b) Begründe kurz, warum dein Blick zuerst auf diese Stelle im Bild fällt.

Mein Blick fällt zuerst auf ______________________________,

weil ______________________________

____

2 Welchen Eindruck von dem beworbenen Produkt sollen die Betrachter/-innen der Anzeige erhalten? Kreuze die Aussage an, welche die Werbeanzeige deiner Ansicht nach am besten beschreibt.

Das Produkt ist …

- ☐ scharf.
- ☐ gefährlich.
- ☐ verschafft ein abenteuerliches (Geschmacks-)Erlebnis.
- ☐ bringt Aufregung in deinen tristen Alltag.

3 Entwickle einen passenden Werbeslogan für die Anzeige.

____

____

4 Plane eine Beschreibung der Werbeanzeige, indem du die folgende Übersicht in Stichpunkten ergänzt.

Einleitung	Format	Querformat
	Art des Bildes	
	Firma/Organisation	
	Thema der Abbildung	
Hauptteil	Zentrum des Bildes/ auffälligstes Bildelement bzw. Vordergrund	
	Hintergrund	
	Bildränder (oben, unten, rechts, links)	
	Farbgebung	
	Logo bzw. Text	
Schluss	Gesamtwirkung	
	persönliche Beurteilung	

5 Verfasse eine vollständige Bildbeschreibung. Nutze dafür deine Ergebnisse aus der Tabelle und folgende Formulierungshilfen. Schreibe in dein Heft.

Einleitung:
Mit dem … im Querformat wirbt die Firma … für …
Das Thema der Abbildung ist …
Hauptteil:
Der Blick der Betrachter/-innen fällt zunächst auf …
Im Zentrum des Bildes befindet sich …
Das untere/obere Drittel des Bildes füllt … aus.
Folgende Elemente scheinen eher in den Hintergrund zu rücken: …
Am rechten/linken Bildrand sieht man … / wird … abgebildet.
Das Bild wird dominiert von den Farben … Im Kontrast dazu steht …
Das Logo …
Schluss:
Zusammenfassend lässt sich sagen, dass …
Meiner Meinung nach gelingt es durch die Gestaltung der Anzeige, dass …
Die Anzeige wirkt durch die Verwendung von …

Die Sprache der Werbung untersuchen

S. 54

1 Vergleiche die Anzeigen. Welche Gemeinsamkeiten und Unterschiede stellst du fest? Notiere Stichpunkte.

Gemeinsamkeiten:	Unterschiede:

2 a) Welche sprachlichen Mittel werden in den Slogans der Anzeigen verwendet? Kreuze an.

☐ Alliteration ☐ Reim ☐ Sprachspiel ☐ Personifikation
☐ direkte Anrede ☐ Übertreibung (Hyperbel) ☐ Dreierfigur ☐ Gegensatz

b) Erläutere kurz, welche Wirkung die verwendeten sprachlichen Mittel haben. Schreibe in dein Heft.

3 Welche Textarten enthalten die Anzeigen? Beschrifte die einzelnen Elemente auf Seite 12 mithilfe der Begriffe im Wortspeicher.

Internetadresse • Slogan • Hinweis auf Firma bzw. Organisation • Informationstext

4 Die Anzeigen nutzen das AIDA-Prinzip als Werbestrategie. Untersuche, wie in der Anzeige „Gestern hinterm Mond …“ diese Werbestrategie umgesetzt wird. Notiere Stichpunkte.

Attention (Erzeugen von Aufmerksamkeit durch auffällige Bilder oder Texte): ____________________

____

Interest (Erregen von Interesse durch die besondere Art der Darstellung): ____________________

____

Desire (Wunsch, entsprechend dem Thema der Anzeige zu handeln): ____________________

____

Action (Aufforderung zum Handeln): ____________________

____

5 Verfasse in deinem Heft eine Beschreibung der Anzeige „Gestern hinterm Mond …“.
Nutze die Formulierungshilfen von Seite 11, deine Untersuchungsergebnisse und folgende Checkliste:

Checkliste ✓	**Eine Werbeanzeige beschreiben**	☺	☹
Einleitung	✓ Formuliere deinen **ersten Eindruck** von der Werbeanzeige.	☐	☐
	✓ Nenne die **Art**, das **Format** und das **Thema** des Bildes.	☐	☐
	✓ Nenne die **Organisation** oder die **Firma**, von der die Anzeige stammt.	☐	☐
Hauptteil	✓ **Beschreibe die Anzeige umfassend und genau.** Verwende dabei die korrekten Fachbegriffe, z. B. *Vordergrund, Hintergrund, Bildmitte/ Zentrum, Slogan,* und beantworte folgende Fragen:	☐	☐
	– Was ist auf dem **Bild** dargestellt und wie ist es dargestellt?	☐	☐
	– Welche **Textarten** enthält die Anzeige und wo befinden sie sich?	☐	☐
	– Welche **sprachlichen Mittel** werden verwendet?	☐	☐
	– Ist eine **Werbestrategie** erkennbar? Wenn ja, wie wird sie hier eingesetzt?	☐	☐
	✓ Benenne die Wirkung der einzelnen Gestaltungselemente.	☐	☐
Schluss	✓ **Fasse** deine Untersuchungsergebnisse **zusammen** und **formuliere** eine **persönliche Bewertung**.	☐	☐

„Wenn einer eine Reise tut, …“

S. 66

Berichten und schildern

sehen

- *grauer Fels*
-

riechen

- *klare, frische Luft*
-

hören

- *rauschendes Wasser*
-

spüren/tasten

- *harter Fels*
- *kalter Stein*
-

1 a) Versetze dich in die Rolle eines der beiden Kinder. Welche Sinneseindrücke hast du in dieser Situation? Notiere Stichpunkte.

b) Überlege, welche Sinneseindrücke für dich in der Situation auf dem Bild besonders zentral sind. Markiere diese.

c) Formuliere die für dich zentralen Eindrücke anschaulich aus. Schreibe zu jedem Sinneseindruck einen Satz:

sehen: *Vor mir sehe ich* ______________________

____

hören: ______________________

____

riechen: ______________________

____

spüren/tasten: ______________________

____

Die Klassenfahrt der Klasse 7d: Canyoning in Blauenthal

In der ersten Juniwoche fuhren wir mit der gesamten Klasse auf Klassenfahrt nach Blauenthal im Erzgebirge. Ein Ziel dieser Fahrt war, unsere Klassengemeinschaft zu stärken. Der Höhepunkt unserer Reise war eine Canyoning-Tour. Canyoning ist eine Sportart, bei der man enge Schluchten mit kleineren oder größeren Wasserfällen hinunterklettert, wobei man sich abseilen, rutschen und zum Teil auch tauchen muss.

Zunächst wanderten wir auf dem Wanderweg an den Blauenthaler Wasserfällen entlang nach oben. Unter unseren Füßen knirschte der Kies und im Bauch kribbelte es vor Aufregung. Oben angekommen, wurde einigen dann ziemlich mulmig beim Anblick des rauschenden Wassers, der metertiefen Felsspalten und der grauen Felswände, die wie stumme Riesen auf uns herunterblickten. Trotz allem begannen wir tapfer mit dem Abstieg, was zu unserem Erstaunen viel länger dauerte als der Aufstieg. Wir waren alle vorschriftsmäßig angeseilt und kletterten so die Schlucht hinab, bis wir endlich alle wohlbehalten unten ankamen.

Im Nachhinein war das Tollste an diesem Abenteuer, dass es unsere Klassengemeinschaft richtig zusammengeschweißt hat, denn ohne gegenseitige Hilfe hätten wir viele gefährliche Stellen beim Canyoning nicht bewältigt. Wir können daher eine solche Tour allen anderen Klassen unserer Schule nur empfehlen.

Jan Kaufmann und Josefine Möller, Klasse 7d

2 a) Jan und Josefine haben diesen Erlebnisbericht für die Schülerzeitung geschrieben. Stell dir vor, du sollst für die Rubrik „Aktuelles“ auf eurer Schul-Homepage nun einen kurzen sachlichen Bericht über diese Klassenfahrt nach Blauenthal schreiben.
Notiere zunächst Antworten auf die W-Fragen mithilfe der Informationen aus dem Text.

Was?	*Wann?*
Wo?	*Wer?*
Wie?	*Warum?*
Mit welchen Folgen?	

b) Schreibe nun deinen kurzen Bericht für die Schul-Homepage. Orientiere dich an der Checkliste auf Seite 17.

3 a) Im Text von Jan und Josefine (→ S. 15) sind Textstellen zu finden, in denen die Erlebnisse anschaulich geschildert werden. Unterstreiche diese Textstellen.

b) Über den Abstieg durch die Schlucht erfahren wir im Text wenig. Versetze dich in die Situation der Schüler/-innen und verfasse in deinem Heft eine anschauliche Schilderung des Abstiegs (Z. 17–22). Nutze deine Notizen zu den Sinneseindrücken aus Aufgabe 1 (→ S. 14) sowie passende Wörter und Wendungen aus dem Wortspeicher.

Die Felsen fühlten sich kalt und rau an …

Vergleiche: wie Treppenstufen · wie ein grüner Teppich · wie eine eiskalte Dusche · wie Sprühregen · wie eine Wasserrutsche · wie Glatteis

Anschauliche Adjektive: glitschig · kalt · kühl · glatt · rau · kantig · spitz · rund · moosig · feucht · klitschnass · eiskalt · kniehoch · glasklar · bedrohlich · ängstlich

Aussagekräftige Verben: klammern · rutschen · gleiten · tasten · greifen · klettern · waten · springen · tauchen

4 a) Verfasse in deinem Heft einen kurzen Bericht zu folgender Bilderfolge. Orientiere dich an der Checkliste auf Seite 17.

b) Denke dir ein Ende zu der Bilderfolge aus, in dem du die Frage „Mit welchen Folgen?“ beantwortest.

5 Versetze dich in die Situation eines der Kinder, das unter dem Boot vor dem Gewitter Schutz gesucht hat. Notiere in Stichpunkten, was es in dieser Situation hört, sieht und fühlt.

hören: ______________________

sehen: ______________________

fühlen: ______________________

6 Vollende die folgenden Satzanfänge. Nutze dabei die Verben und Adjektive/Partizipien aus dem Wortspeicher, die vor deinem inneren Auge die intensivsten Bilder entstehen lassen.

Die Blitze ______________________________

Der Regen ______________________________

Der Donner ______________________________

Verben: durchzucken · prasseln · scheinen · (auf-)leuchten · fallen · schallen · tropfen · zerreißen

Adjektive/Partizipien: gleißend · unaufhaltsam · laut · krachend · hell · regelmäßig · ohrenbetäubend

7 Ergänze die folgenden Aussagen durch passende Vergleiche.

Wir rannten schnell wie ______________________________.

Die Regentropfen prasselten wie ______________________ auf das Boot.

Die Donnerschläge hörten sich an wie ______________________.

Unter dem Boot war es eng wie ______________________.

Mein Herz klopfte, als ob ______________________.

8 Verfasse nun in deinem Heft eine Schilderung der Situation unter dem Boot aus der Sicht eines der beteiligten Kinder. Nutze deine Arbeitsergebnisse aus den Aufgaben 5–7 und orientiere dich an folgender Checkliste.

Checkliste ✓	**Berichten (sachlich informieren)**	☺	☹
Inhalt	✓ Informiere in der **Einleitung** möglichst knapp und genau, worüber du berichtest. Beantworte die W-Fragen *Was?*, *Wann?*, *Wo?*, *Wer?*.	☐	☐
	✓ Stelle im **Hauptteil** das Ereignis Schritt für Schritt in der richtigen Reihenfolge dar. Beantworte dabei die W-Fragen *Wie?* und *Warum?*.	☐	☐
	✓ Nenne im **Schlussteil** die Folgen des Ereignisses oder gib eine Empfehlung.	☐	☐
Sprache	✓ Schreibe **sachlich** und vermeide unnötige Bewertungen.	☐	☐
	✓ Mache die **zeitliche Reihenfolge** der Geschehnisse deutlich.	☐	☐
	✓ Schreibe im **Präteritum**.	☐	☐
	Schildern (anschaulich darstellen)	☺	☹
Inhalt	✓ Schildere zu **Beginn** einen **allgemeinen Eindruck von der Situation**.	☐	☐
	✓ Vermittle im **Mittelteil** deinen Leserinnen und Lesern ein **genaues Bild der Situation**. Schreibe anschaulich, indem du deine Sinneseindrücke darstellst, sprachliche Bilder verwendest oder wichtige Details schilderst.	☐	☐
	✓ Füge gegen **Ende** der Schilderung auch persönliche Gedanken, Gefühle und Bewertungen der Situation hinzu.	☐	☐
Sprache	✓ Schreibe in der ***Ich***- oder ***Wir***-**Form**.	☐	☐
	✓ Verwende das **Präsens** oder **Präteritum**.	☐	☐

Seltsame Begebenheiten

S. 86

Inhaltsangaben zu kurzen Erzählungen schreiben

Neid ist grau mit gelben Punkten *Cili Wethekam* (1976)

Wenn sie sehr ehrlich ist, muss Anita vor sich selbst zugeben, dass sie neidisch auf die jüngere Schwester ist, der alles so viel leichter fällt: das Lernen, das Gutsein, das Liebhaben und das Sichfreuen. Mareike sieht nett aus, sie hat herrlich-verrückte Einfälle, über die alle Erwachsenen sich amüsieren. Anita ist nicht so. Mühsam muss sie sich das Wissen und die Sympathie ihrer Umwelt erobern. Dabei wäre sie so gern einmal der fröhliche Mittelpunkt. Nun zählt sie die Tage bis zu ihrem Geburtstag. Da wird sie Glückwünsche und Geschenke in Empfang nehmen, es werden Freundinnen kommen, Briefe wird sie auch erhalten, sie allein.

Aber kurz vor dem großen Tag sagt Mutter nachdenklich zu Anita: „Eigentlich sollte Mareike an deinem Geburtstag nicht leer ausgehen. Ich hab' eine Idee ..." Ah – zersprungen die Vorfreude, lautlos, wie eine schillernde Seifenblase! Natürlich, der alte Zopf: Man muss teilen, sonst blutet dem anderen das Herz ... Hat Anita gedacht, sie käme einmal um Mutters Lieblingsspruch herum? „Vielleicht einen netten Stoff?", hört sie Mutter sagen. „Du suchst ihn aus, ja?" „Wie du willst, Mutter." In ihrem Zimmer weint Anita ein bisschen. Wie unehrlich!, denkt sie wütend. Nur um Mareike verwöhnen zu können, ist Mutter jeder Vorwand recht ...

Mürrisch begleitet sie am nächsten Tag die Mutter in den Laden. So viele Stoffe: farbige Karos, lustige Streifen, kleine Blumen, große Blüten. Da: ein Margeritenmuster auf himmelblauem Grund. Der ist wirklich hübsch. „Na?", fragt die Mutter und prüft die Qualität. Anita schweigt. Es ist, als hielte etwas Gutes, aber Kraftloses in ihrem Innern die Antwort noch zurück. „Nein", sagt sie schließlich. Ihr Blick irrt zu den Regalen. Dort liegt, stiefmütterlich versteckt auf einem letzten Stapel, ein mausgrauer Stoff mit kargen gelben Punkten – ein Nebeltag in einer düsteren Stadt mit sehr wenig Laternen. „Den!", sagt Anita entschieden und bemüht sich, nicht rot zu werden. „Also schön", sagt die Mutter ohne Begeisterung. Ist sie enttäuscht? Anita will es nicht wissen. Der Stoff wird abgeschnitten, bezahlt und heimgetragen.

Abends, unmittelbar vor dem Einschlafen, denkt Anita: Neid ist grau mit gelben Punkten. Das kommt ihr vor wie eine Zeile aus einem Gedicht. Wenn Mareike nicht just vor einigen Tagen noch gesagt hätte, so nebenher, wie Mareike etwas heraussprudeln kann, was ihr eben in den Sinn kommt: „Findest du nicht auch, dass Grau eine schlimme Farbe ist, Anita? Ich glaube, Kummer ist auch grau ..." Nun bekommt Mareike also ein graues Kleid. Immerfort muss Anita daran denken. Es überschattet alle Vorfreude.

Schließlich ist der Geburtstag da: Küsse, Blumen, Geschenke – eine feierliche Ansprache vom Vater vor dem Frühstück, dreizehn brennende Kerzen, das Lebenslicht in der Mitte. Doch, doch, man hat Anita lieb, das kann ein Blinder sehen ... Aber Anita sieht nur eins: ein grauer Stoff mit kargen gelben Punkten. Auf ihrem Geburtstagstisch. „Mutter!", ruft sie entsetzt. „Das war doch der Stoff für Mareike ...!" Die Mutter lacht ahnungslos. „Nicht wahr, da habe ich dich überrascht? Man kennt sich als Mutter heutzutage wirklich nicht mehr im Geschmack der eigenen Kinder aus! Das habe ich an diesem Stoff doch wieder gesehen, auf den wäre ich niemals gekommen ... Anita, du weinst?“ Anita schluchzt über das verhasste Geschenk, das sie einzig und allein ihrem schäbigen Neid zuzuschreiben hat. Hätte sie doch den himmelblauen gewählt, den mit den Margeriten ... „Es war aber doch ein Geschenk für Mareike! Damit sie an meinem Geburtstag nicht leer ausgeht, hast du gesagt!“ „Ich geh' ja gar nicht leer aus“, ruft die jüngere Schwester vergnügt. „Schau doch, Anita! Mir hat Mutter auch vorgeschwindelt, der Stoff sei nicht für mich! Ich habe ihn für dich ausgesucht!“ Der Margeritenstoff – es ist der Margeritenstoff, den Mareike in ihren Händen hält.

„Er ist ja noch schöner als damals, Mutter! Und ich hatte ja keine Ahnung, dass er mein Katzentisch[1] sein sollte ... Anita! Hör auf zu weinen – willst du – willst du vielleicht lieber diesen haben? Komm, wir tauschen.“ Anita ist beschämt, als Mareike sie spielerisch in den blauen Stoff einwickelt, die Hände der kleinen Schwester liegen so lieb auf ihren Schultern. „Nett siehst du darin aus, Anita!“ „Aber – der andere Stoff ist grau, Mareike“, sagt sie unglücklich. „Es sind ja gelbe Sonnenpunkte darin“, antwortet Mareike. Es klingt kläglich und tapfer zugleich. Die Mutter sieht jetzt aus, als hätte sie in einen Abgrund geschaut. Da gibt sich Anita einen Ruck, wickelt sich aus dem blauen Margeritenstoff wieder heraus, faltet ihn ordentlich wieder zusammen. „Danke, Mareike“, sagt sie. „Aber das kommt nicht infrage. Mutter wird mir aus dem grauen Stoff sehr bald ein Kleid nähen. Nicht wahr, Mutter? Es soll mich manchmal an etwas erinnern.“ Jetzt sieht die Mutter aus, als hätte Anita aus eigener Kraft eine Brücke über den Abgrund gebaut. Anita selbst hat das Gefühl, als sei sie in diesen letzten fünf Minuten gewachsen, über den Rand ihres Neides hinweg und auf Mareike zu.

Dies wird ein guter Geburtstag.

1 Findest du den Titel „Neid ist grau mit gelben Punkten“ für die Erzählung passend? Begründe.

Ich finde den Titel ____________________ *, weil* ____________________

____

____

____

2 Erkläre, worin die Pointe (überraschende Wendung) der Erzählung besteht.

____

____

____

____

1 der Katzentisch: Bezeichnung für einen schlechten Platz

3 Lies die Geschichte noch einmal und notiere kurze Sätze zu den vier Handlungsbausteinen. Ergänze auch die Zeilenangaben.

Ausgangssituation der Hauptfigur Z. 1 - ____	Anita ist neidisch auf
Problem der Hauptfigur Z. ____	
Lösungsversuch der Hauptfigur Z. ____	
Ende Z. ____	

4 Wähle die passendste Fortführung der Einleitung aus und begründe deine Entscheidung. Nenne Textstellen als Beleg.

Die Geschichte „Neid ist grau mit gelben Punkten" ist 1976 von Cili Wethekam verfasst worden. In der Geschichte geht es darum, …

- ☐ A … wie Anita ihr Geburtstag verdorben wird.
- ☐ B … wie sich die Schwestern Anita und Mareike um Anitas Geburtstagsgeschenk streiten.
- ☐ C … wie die Eifersucht Anita dazu bringt, ein hässliches Geschenk für ihre Schwester Mareike auszuwählen.
- ☐ D … wie Anita ihre Eifersucht gegenüber ihrer Schwester Mareike überwindet.
- ☐ E … wie Anitas Mutter einen Streit ihrer Töchter herbeiführt, indem sie deren Geschenke austauscht.

Begründung: ____________________

____

____

____

Die wörtliche Rede wiedergeben

S. 95

1 In einer Inhaltsangabe wird auf die Wiedergabe der wörtlichen Rede verzichtet. Nur ganz besonders wichtige Aussagen werden in indirekter Rede wiedergegeben, z. B. Zeile 7–11:

Aber kurz vor dem großen Tag sagt Mutter nachdenklich zu Anita: „Eigentlich sollte Mareike an deinem Geburtstag nicht leer ausgehen. Ich hab' eine Idee …" […] „Vielleicht einen netten Stoff?", hört sie Mutter sagen. „Du suchst ihn aus, ja?"

→ *Die Mutter findet, dass Mareike an Anitas Geburtstag nicht leer ausgehen sollte, und fordert Anita auf, einen schönen Stoff für ihre Schwester auszusuchen.*

Markiere zwei weitere wichtige Aussagen in wörtlicher Rede im Text und formuliere sie so um, dass keine direkte Rede mehr darin vorkommt.

Zeile – : ____________________

____

____

____

Zeile – : ____________________

____

____

____

2 Fasse die nachfolgende Textpassage möglichst kurz in deinem Heft zusammen. Achte darauf, dass du wie in Aufgabe 5 keine wörtliche Rede verwendest und an geeigneten Stellen kürzt/zusammenfasst.

Schließlich ist der Geburtstag da: Küsse, Blumen, Geschenke – eine feierliche Ansprache vom Vater vor dem Frühstück, dreizehn brennende Kerzen, das Lebenslicht in der Mitte. Doch, doch, man hat Anita lieb, das kann ein Blinder sehen … Aber Anita sieht nur eins: ein grauer Stoff mit kargen gelben Punkten. Auf ihrem Geburtstagstisch. „Mutter!", ruft sie entsetzt. „Das war doch der Stoff für Mareike …!" Die Mutter lacht ahnungslos. „Nicht wahr, da habe ich dich überrascht? Man kennt sich als Mutter heutzutage wirklich nicht mehr im Geschmack der eigenen Kinder aus! Das habe ich an diesem Stoff doch wieder gesehen, auf den wäre ich niemals gekommen … Anita, du weinst?" Anita schluchzt über das verhasste Geschenk, das sie einzig und allein ihrem schäbigen Neid zuzuschreiben hat. Hätte sie doch den himmelblauen gewählt, den mit den Margeriten … „Es war aber doch ein Geschenk für Mareike! Damit sie an meinem Geburtstag nicht leer ausgeht, hast du gesagt!" „Ich geh' ja gar nicht leer aus", ruft die jüngere Schwester vergnügt. „Schau doch, Anita! Mir hat Mutter auch vorgeschwindelt, der Stoff sei nicht für mich! Ich habe ihn für dich ausgesucht!" Der Margeritenstoff – es ist der Margeritenstoff, den Mareike in ihren Händen hält.

3 Schreibe eine vollständige Inhaltsangabe der Geschichte „Neid ist grau mit gelben Punkten" von Cili Wethekam in dein Heft. Nutze deine Ergebnisse aus den Aufgaben 2–6 sowie die Checkliste auf Seite 23.

Eine Inhaltsangabe überarbeiten

Der Zahnarzt *Johann Peter Hebel* (1811)

Zwei Tagediebe, die schon lang in der Welt miteinander herumzogen, weil sie zum Arbeiten zu träge oder zu ungeschickt waren, kamen doch zuletzt in große Not, weil sie wenig Geld mehr übrig hatten und nicht geschwind wussten, wo nehmen. Da gerieten sie auf folgenden Einfall:

Sie bettelten vor einigen Haustüren Brot zusammen, das sie nicht zur Stillung des Hungers genießen, sondern zum Betrug missbrauchen wollten. Sie kneteten nämlich und drehten aus demselben lauter kleine Kügelein oder Pillen und bestreuten sie mit Wurmmehl aus altem zerfressenem Holz, damit sie völlig aussahen wie die gelben Arzneipillen.

Hierauf kauften sie für ein paar Heller[1] einige Bogen rot gefärbtes Papier bei dem Buchbinder (denn eine schöne Farbe muss gewöhnlich bei jedem Betrug mithelfen). Das Papier zerschnitten sie alsdann und wickelten die Pillen darein, je sechs bis acht Stück in ein Päcklein.

Nun ging der eine voraus in einen Flecken, wo eben Jahrmarkt war, und in den „Roten Löwen", wo er viele Gäste anzutreffen hoffte. Er forderte ein Glas Wein, trank aber nicht, sondern saß ganz wehmütig in einem Winkel, hielt die Hand an den Backen, winselte halblaut für sich und kehrte sich unruhig bald so her, bald so hin. Die ehrlichen Landleute und Bürger, die im Wirtshaus waren, bildeten sich wohl ein, dass der arme Mensch ganz entsetzlich Zahnweh haben müsse.

Aber was war zu tun? Man bedauerte ihn, man tröstete ihn, dass es schon wieder vergehen werde, trank sein Gläschen fort und machte seine Marktgeschäfte aus. Indessen kam der andere Tagedieb auch nach. Da stellten sich die beiden Schelme, als ob noch keiner den andern in seinem Leben gesehen hätte. Keiner sah den andern an, bis der zweite durch das Winseln des ersten, der im Winkel saß, aufmerksam zu werden schien. „Guter Freund", sprach er, „Ihr scheint wohl Zahnschmerzen zu haben?", und ging mit großen und langsamen Schritten auf ihn zu. „Ich bin der Doktor Schnauzius Rapunzius von Trafalgar", fuhr er fort. Denn solch fremde volltönige Namen müssen auch zum Betrug behilflich sein, wie die Farben. „Und wenn Ihr meine Zahnpillen gebrauchen wollt", fuhr er fort, „so soll es mir eine schlechte Kunst sein, Euch mit einer, höchstens zweien, von Euren Leiden zu befreien."

„Das wolle Gott", erwiderte der andere Halunke. Hierauf zog der saubere Doktor Rapunzius eines von seinen roten Päcklein aus der Tasche und verordnete dem Patienten, ein Kügelein daraus auf den bösen Zahn zu legen und herzhaft darauf zu beißen. Jetzt streckten die Gäste an den andern Tischen die Köpfe herüber und einer um den andern kam herbei, um die Wunderkur mit anzusehen. Nun könnt ihr euch vorstellen, was geschah. Auf diese erste Probe wollte zwar der Patient wenig rühmen, vielmehr tat er einen entsetzlichen Schrei.

Das gefiel dem Doktor. Der Schmerz, sagte er, sei jetzt gebrochen, und gab ihm geschwind die zweite Pille zum gleichen Gebrauch. Da war nun plötzlich aller Schmerz verschwunden. Der Patient sprang vor Freuden auf, wischte den Angstschweiß von der Stirne weg, obgleich keiner daran war, und tat, als ob er seinem Retter zum Danke etwas Namhaftes in die Hand drückte.

Der Streich war schlau angelegt und tat seine Wirkung. Denn jeder Anwesende wollte nun auch von diesen vortrefflichen Pillen haben. Der Doktor bot das Päcklein für vierundzwanzig Kreuzer[2] – und in wenigen Minuten waren alle verkauft. Natürlich gingen jetzt die zwei Schelme wieder einer nach dem andern weiter, lachten, als sie wieder zusammenkamen, über die Einfalt dieser Leute – und ließen sich's wohl sein von ihrem Geld.

1 der Heller: Bezeichnung für eine alte Münze
2 der Kreuzer: Bezeichnung für eine alte Münze

1 Begründe in Stichpunkten, warum es sich bei „Der Zahnarzt" um eine Kalendergeschichte handelt.

2 Überarbeite die folgende Inhaltsangabe eines Schülers zu der Geschichte „Der Zahnarzt" mithilfe der Checkliste. Markiere Fehler im Text und notiere am Rand Verbesserungsvorschläge.

Die Kalendergeschichte „Der Zahnarzt" von Johann Peter Hebel handelt von zwei Dieben, die eine ~~extrem lustige~~ Idee haben, sich als Patient und Arzt ausgeben und den Menschen ihr Geld abknöpfen. *sachlich!*

Nach ewigem Hin und Her haben zwei Tagediebe die Idee, sich Geld zu ergaunern, indem Sie aus erbetteltem Brot lauter kleine Kügelein oder Pillen formen und darauf Wurmmehl aus altem zerfressenem Holz streuen. Sie verkaufen diese immer wieder, weil sie die Brotkrümel schön in rot gefärbtes Papier einpacken, das sie für wenig Geld beim Buchbinder gekauft haben. Der eine gibt sich für einen Kranken aus, der Zahnschmerzen hat. Er kann sein Glas Wein nicht trinken und hält sich die Hand an die Backe. Er winselt halblaut. Als dieser Mann genügend Aufmerksamkeit auf sich gezogen hat, kam der andere hinzu und tat so, als ob er seinen Freund nicht kennen würde. Er spricht den Schmerzerfüllten an, stellt sich als Doktor Schnauzius Rapunzius vor und verkündet frech: „Und wenn Ihr meine Zahnpillen gebrauchen wollt, so soll es mir eine schlechte Kunst sein, Euch mit einer, höchstens zweien, von Euren Leiden zu befreien". Darauf erwiderte der andre: „Das wolle Gott." Zuerst schreit der Patient jedoch vor Schmerzen entsetzlich auf, bevor plötzlich sämtliche Probleme verschwunden zu sein scheinen. Daraufhin kaufen die dummen Anwesenden alle Pillen, weshalb die beiden Diebe begeistert und um vierundzwanzig Kreuzer reicher verschwinden. Sie ließen sich's wohl sein von ihrem Geld.

3 Schreibe eine Inhaltsangabe zu der Geschichte „Der Zahnarzt" in dein Heft.

Checkliste ✓	**Eine Inhaltsangabe schreiben**	☺	☹
Einleitung	✓ Nenne den Titel, die **Autorin/den Autor**, das **Erscheinungsjahr** und die **Textsorte** (z. B. Kalendergeschichte). ✓ Fasse das **Thema** der Geschichte in einem Satz zusammen.	☐ ☐	☐ ☐
Hauptteil	✓ Stelle die **wichtigsten Handlungsschritte** in der richtigen Reihenfolge dar.	☐	☐
Sprache	✓ Gib den Inhalt **sachlich** und möglichst **mit eigenen Worten** wieder. ✓ Vermeide wertende Formulierungen. ✓ Verwende **keine direkte Rede**. Besonders wichtige Äußerungen werden in indirekter Rede wiedergegeben. ✓ Schreibe im **Präsens**.	☐ ☐ ☐ ☐	☐ ☐ ☐ ☐

Dem Leben trotzen

S. 112

Eine literarische Figur beschreiben

Löcher. Die Geheimnisse von Green Lake *Louis Sachar*

In diesem Roman geht es um den dreizehnjährigen Stanley, der wegen eines vermeintlichen Diebstahls in die Besserungsanstalt „Green Lake Camp“ eingewiesen wird. Das Camp liegt in der Wüste und die Jungen, die dort untergebracht sind, müssen jeden Tag bei sengender Hitze Löcher graben. Keiner weiß, warum, aber sie sollen, wenn sie beim Graben auf etwas „Besonderes“ stoßen, sofort das Wachpersonal informieren. Einer der Jungen, mit denen Stanley untergebracht ist, heißt Hector Zeroni, wird aber nur Zero genannt.
In den folgenden Textstellen kannst du etwas über Zero erfahren.

→ dumm?

→ wortkarg, gibt nichts von sich preis

→ klein, aber kräftig, zäh, geschickt

„Willst du wissen, warum er Zero heißt?“, fragte Mr. Pendanski lächelnd und rüttelte Zero spielerisch an der Schulter. „Weil in seinem Kopf absolut nichts drin ist – zero!“
Zero schwieg. […]
Zero war der Kleinste in Gruppe D, aber er war immer als Erster fertig.
„Hast du's schon geschafft?“, fragte Stanley neidisch.
Zero sagte nichts. Stanley ging zu Zeros Loch hinüber und sah zu, wie Zero es mit der Schaufel ausmaß. Der obere Ring war ein perfekter Kreis und die Seitenwände waren steil und glatt. Nicht ein Klumpen Erde mehr als notwendig war entfernt worden.
Zero schwang sich aus dem Loch. Er lächelte nicht einmal. Er schaute hinunter in sein perfekt ausgehobenes Loch, spuckte hinein, drehte sich um und ging zum Camp zurück. […]

Zero stand jetzt neben ihm [Stanley] und sah ihm beim Schreiben zu. […] „Ich kann das nicht“, sagte Zero.
„Wie?“
„Kannst du's mir beibringen?“
Stanley begriff gar nicht, wovon Zero überhaupt redete. „Was beibringen – Steilwandklettern?“
Zero starrte ihn durchdringend an.
„Was?“, fragte Stanley. Ihm war heiß, müde war er auch und außerdem schmerzte die Wunde.
„Ich würde gern Lesen und Schreiben lernen“, sagte Zero. […]
Er [Stanley] sprach Zero das ganze Alphabet vor und Zero wiederholte es ohne einen einzigen Fehler. Nicht schlecht für jemanden, der nie Sesamstraße geguckt hatte!
„Na ja, irgendwo hab ich's ja schon mal gehört“, sagte Zero und versuchte so zu tun, als wäre das gar nichts, aber sein breites Grinsen verriet ihn.
Der nächste Schritt war schon schwieriger. Stanley musste sich überlegen, wie er Zero beibringen konnte, die einzelnen Buchstaben zu erkennen. Er gab Zero ein Blatt Papier und nahm sich selbst auch eins.
„Ich denke, wir fangen mal mit dem A an.“
Er schrieb ein großes A in Druckschrift und Zero malte es auf seinem Bogen nach. Das Papier war nicht liniert, was das Schreiben schwieriger machte, aber Zeros A war gar nicht schlecht, nur ein bisschen groß. Stanley sagte ihm, er müsse kleiner schreiben, sonst werde ganz schnell das Papier ausgehen. Also schrieb Zero kleinere Druckbuchstaben.

„Man kann allerdings jeden Buchstaben auf zwei Arten schreiben", sagte Stanley. Ihm dämmerte, dass die Sache noch schwieriger werden würde, als er es sich vorgestellt hatte. „Das hier ist ein großes A. Meistens wirst du aber nur das kleine a sehen. Große Buchstaben kommen bei uns nur am Anfang von einem Wort vor, und auch das nur, wenn es am Anfang von einem Satz steht. Sonst gibt es große Buchstaben nur am Anfang von Eigennamen, also dem Namen von einem Menschen zum Beispiel."

Zero nickte, als hätte er verstanden, aber Stanley wusste selbst, dass das, was er gesagt hatte, ziemlich wirr gewesen war.

→ Zero kann gut rechnen, hat eine schnelle Auffassungsgabe

Er schrieb ein kleines a in Druckschrift und Zero malte es ab.

„Das heißt, es gibt zweiundfünfzig", sagte Zero.

Stanley wusste gar nicht, was er meinte.

„Statt sechsundzwanzig Buchstaben. In Wirklichkeit sind es zweiundfünfzig."

Stanley sah Zero überrascht an. „Ich glaub, du hast recht", sagte er. „Wie hast du das rausgekriegt?"

Zero schwieg.

„Hast du addiert?"

Zero schwieg.

„Hast du multipliziert?"

„Es ist einfach so", sagte Zero.

Stanley zuckte mit den Schultern. Er wusste nicht einmal, woher Zero wusste, dass das einfache Alphabet aus sechsundzwanzig Buchstaben bestand. Ob er sie beim Aufsagen gezählt hatte?

Er ließ Zero das A noch ein paar Mal schreiben, sowohl das große wie das kleine, bevor er mit dem großen B anfing. Er merkte schon, sie würden ziemlich lange brauchen.

„Du könntest mir jeden Tag zehn Buchstaben beibringen", schlug Zero vor. „Fünf große und fünf kleine. Nach fünf Tagen kenne ich dann alle. Bloß am letzten Tag muss ich zwölf lernen – sechs große und sechs kleine."

Wieder starrte Stanley ihn an, erstaunt, wie schnell Zero das alles ausrechnete.

Zero musste gedacht haben, dass Stanley ihn aus einem anderen Grund anstarrte, denn er sagte: „Ich werde jeden Tag ein Stück von deinem Loch graben. Ich grabe eine Stunde und du übst eine Stunde mit mir. Und weil ich schneller graben kann als du, sind wir etwa gleichzeitig mit unseren Löchern fertig. Dann muss ich nicht auf dich warten!"

„Okay." Stanley war einverstanden.

Während Zero das B übte, fragte Stanley ihn, wie er das ausgerechnet hatte, dass sie fünf Tage brauchen würden. „Hast du multipliziert? Oder hast du geteilt?"

„Es ist einfach so", sagte Zero.

„Du scheinst ziemlich fit zu sein in Mathe", meinte Stanley.

„Ich bin ja nicht dumm", sagte Zero. „Ich weiß, dass mich alle für dumm halten. Aber ich mag nun mal keine Fragen beantworten."

Als die Chefin des Camps wegen eines Streits den Unterricht verbietet, weigert sich Zero, weiter Löcher zu graben, schlägt einen Aufseher nieder und flieht. Stanley folgt ihm und erfährt unterwegs etwas über Zeros Vergangenheit.

„Wir haben nicht immer auf der Straße gelebt", sagte Zero. „Ich kann mich noch an ein gelbes Zimmer erinnern."

„Wie alt warst du, als du –", fing Stanley an, hatte dann aber Mühe, die richtigen Worte zu finden. „ – als du ausgezogen bist?"

„Keine Ahnung. Aber ich muss noch sehr klein gewesen sein, weil ich nur noch ganz wenig weiß. Ich erinnere mich nicht mehr daran, wie wir ausgezogen sind. Ich weiß nur noch, wie ich in meinem Bettchen stand und meine Mutter mir was vorgesungen hat. Sie hielt mich an den Handgelenken und ließ mich in die Hände klatschen. Das Lied hat sie ganz oft gesungen. Das gleiche, das du gesungen hast ... Das heißt, nein, es war anders ..."

Zero sprach langsam, so als müsste er in seinem Kopf nach Erinnerungen suchen, nach Spuren. „Danach weiß ich nur noch, dass wir auf einmal auf der Straße wohnten, aber nicht mehr, wie wir aus dem Haus raus sind. Ich bin mir ziemlich sicher, dass es ein Haus war, keine Wohnung, und ich weiß, dass mein Zimmer gelb war." [...]

„Ich weiß nicht, was mit meiner Mutter passiert ist", sagte Zero. „Irgendwann ist sie weggegangen und nicht wiedergekommen." [...]

Stanley schälte sich eine Zwiebel.

„Sie konnte mich nicht überallhin mitnehmen", sagte Zero. „Manchmal musste sie auch Dinge allein erledigen."

Stanley hatte das Gefühl, dass Zero sich selbst etwas erklärte.

„Sie sagte mir dann immer, wo ich auf sie warten sollte. Als ich noch ganz klein war, musste ich immer an einer ganz genau festgelegten Stelle warten, auf der Treppe vor einem Haus oder in einem Eingang. ‚Bleib hier sitzen, bis ich wieder da bin', sagte meine Mutter dann. Ich mochte es nicht, wenn sie wegging. Ich hatte ein Kuscheltier, eine kleine Giraffe, und die hab ich immer ganz fest an mich gedrückt, solange meine Mutter weg war. Als ich dann größer war, durfte ich schon ein bisschen weiter weggehen. Sie sagte dann: ‚Bleib hier bei diesem Häuserblock' oder ‚Du darfst den Park nicht verlassen'. Aber auch dann hab ich Jaffy noch festgehalten."

Stanley nahm an, dass Jaffy der Name von Zeros Giraffe war.

„Eines Tages kam sie nicht zurück", sagte Zero. Seine Stimme klang auf einmal ganz hohl. „Ich war im Laney Park und hab auf sie gewartet."

„Laney Park", wiederholte Stanley. „Da bin ich schon gewesen."

„Kennst du den Spielplatz da?", fragte Zero.

„Ja, da hab ich mal gespielt."

„Über einen Monat lang hab ich da gewartet", sagte Zero. „Kennst du noch den Tunnel, durch den man kriechen kann, zwischen der Rutsche und der Hängebrücke? Da hab ich geschlafen."

Nach ihrer abenteuerlichen Flucht durch die Wüste können Stanley und Zero die kriminellen Machenschaften der Leiterin beweisen und kommen schließlich frei. Das Camp wird geschlossen.

1 Lies den Text aufmerksam durch. Bereite dich dann darauf vor, Zero deinen Mitschülerinnen und Mitschülern vorzustellen. Gehe dabei so vor:

a) Unterstreiche in den Textauszügen von Seite 24–26 alle Informationen, die du über Zero erhältst.

b) Notiere wie in den Beispielen auf Klebezetteln, was dir die unterstrichenen Textpassagen über Zero verraten oder was du aus ihnen schlussfolgern kannst.

c) Welche Widersprüche oder verschiedenen Seiten erkennst du bei Zero? Notiere sie in deinem Heft und belege sie mit Textstellen, z. B. so:

Zero wird am Anfang des Romans als dumm dargestellt (Z. 2), aber ...

2 Sortiere deine Ergebnisse und trage sie in deinem Heft in eine Tabelle wie unten ein. Ergänze Textverweise als Beleg.

Persönlichkeits-merkmale, Verhalten	Situation im Roman	Gründe für das Verhalten
klein (Z. 4), aber kräftig		
erscheint wortkarg (Z. 3)	*schweigt, als ...*	*schützt sich so vor Fragen, ...*

Seite 5

1 **a)** *So könnte deine Lösung aussehen:*
Zeile 4: Kinderarbeit in Ghana und der Elfenbeinküste gestiegen
Zeile 14: Gefährliche Arbeit auf den Plantagen
Zeile 21: Forderung nach höheren Preisen für Kakao

b) und **c)** sowie Seite 6, Aufgabe 3
→ s. Tabelle unten

Seite 6

1 Das Diagramm thematisiert Verletzungen von Kindern aus der Elfenbeinküste und aus Ghana bei der Kakaoproduktion.

2 Was ist zu sehen?
- Balken: Häufigkeit der Verletzungen in Prozent (rot: Kinder aus der Elfenbeinküste, gelb: Ghana), neun aufgeführte Verletzungen, z. B. Wunden und Schnitte, Muskelschmerzen und Knochenbrüche.

Was ist besonders auffällig? Was überrascht dich?
So könnte deine Lösung aussehen:
- Die häufigste Verletzung, sowohl bei Kindern aus der Elfenbeinküste als auch aus Ghana, sind Wunden und Schnitte, dabei ist die Häufigkeit bei Kindern aus der Elfenbeinküste noch um rund 10 % höher.
- Besonders auffällig ist die sehr hohe Prozentzahl (25,9 %) bei „Juckreiz und Kratzer" bei Kindern aus Ghana, wohingegen nur 5,3 % der Kinder aus der Elfenbeinküste derartige Verletzungen erleiden.

Welche Schlussfolgerungen lassen sich aus den Ergebnissen ableiten?
So könnte deine Lösung aussehen:
- Die Arbeit in der Kakaoproduktion ist gefährlich.
- Wahrscheinlich tragen die Kinder keine geeignete Schutzkleidung und haben auch sonst kaum Arbeitshilfen, die das Risiko von Verletzungen verkleinern.
- Die Arbeit in der Kakaoproduktion ruiniert langfristig die Gesundheit der Kinder und verkürzt vermutlich ihre Lebenszeit.

Seite 7

1 *So könnte deine Lösung aussehen:*
Ich finde das Argument nicht überzeugend, weil die Verkäuferin nichts über die entscheidenden Unterschiede in den Produktionsbedingungen, also z. B. über Kinderarbeit, in den Anbaugebieten des Kakaos sagt.

Oder:
Ich finde das Argument überzeugend, weil der Preis der Schokolade sehr wichtig für die Kaufentscheidung ist, gerade wenn das eigene Taschengeld knapp bemessen ist.

2 **a)** *So könnte deine Lösung aussehen:*
In der Schul-Cafeteria sollte keine herkömmliche Schokolade mehr verkauft werden, weil bei der Ernte des Kakaos meistens Kinder statt erwachsener Arbeitskräfte eingesetzt werden.

b) *Individuelle Schülerlösungen*

3 normatives Argument: Kinder sollten in die Schule gehen und …
Faktenargument: 41 % der befragten Menschen sind bereit, …
Autoritätsargument: Die „Make Chocolate Fair"-Projektleiterin Evelyn Bahn meint, …

4 *Individuelle Schülerlösungen*

Seite 8

1 **a)** A: Argument („denn"); B: These; C: Argument („da"); D: Beispiel („z. B."); E: Beispiel („zum Beispiel"); F: These; G: Argument („weil")

b) Der Konsum von Fair-Trade-Schokolade bedeutet nicht, dass man auf Genuss verzichten muss, weil Fair-Trade-Schokolade genauso gut wie herkömmliche Schokolade schmeckt. Das haben z. B. Blindtests an unserer Schule gezeigt.
Als Kunde sollte man darauf achten, dass Schokolade das Fair-Trade-Siegel trägt, denn bei der herkömmlichen Produktion von Schokolade werden die Bauern nicht ausreichend bezahlt. Ein Kleinbauer im Kakaoanbau verdient zum Beispiel oft nicht mehr als 1,25 US-Dollar (etwas mehr als 1 Euro) pro Tag.

Tabelle zu Seite 5, Aufgabe 1 b) und c) sowie Seite 6, Aufgabe 3

Material	gesundheitliche Gründe	soziale Gründe	wirtschaftliche Gründe
Material 1	– *herkömmliche Schokolade: Kinder verrichten gefährliche, gesundheitsgefährdende Arbeiten*	– *herkömmliche Schokolade: Kinderarbeit*	– Fair-Trade-Schokolade: Bauern werden ausreichend bezahlt, sodass sie erwachsene Arbeiter bezahlen können
Material 2	– *herkömmliche Schokolade: Kinder erleiden zahlreiche Verletzungen, wie z. B. Wunden und Schnitte, Muskelschmerzen und Knochenbrüche*	– *herkömmliche Schokolade: verringerte Lebensqualität und -erwartung der Kinder in der Kakaoproduktion*	

c) *So könnte deine Lösung aussehen:*
Die Arbeit in der Kakaoproduktion ist außerdem für Kinder viel zu schwer und ungeeignet, da sich die Kinder oft bei der Arbeit verletzen. Sie ziehen sich z. B. Wunden und Schnitte zu, haben Muskelschmerzen und erleiden Knochenbrüche.

Seite 9

1 *Individuelle Schülerlösungen*

2/3 *So könnte deine Lösung aussehen:*
Fair-Trade-Schokolade in unserer Schul-Cafeteria
Wer Schokolade isst, hat manchmal ein schlechtes Gewissen, dass er damit seiner Figur nichts Gutes tut. Aber eigentlich sollte man aus einem ganz anderen Grund ein schlechtes Gewissen haben: Bei der Produktion herkömmlicher Schokolade werden in den Anbauländern Ghana und der Elfenbeinküste größtenteils Kinder statt erwachsener Arbeitskräfte eingesetzt. Kinder sollten jedoch in die Schule gehen und etwas lernen, anstatt auf einer Plantage zu arbeiten, damit sie mehr Möglichkeiten für ihre Zukunft haben. Außerdem ist die Arbeit in der Kakaoproduktion gefährlich, sie ist für Kinder viel zu schwer und ungeeignet, da sich die Kinder oft bei der Arbeit verletzen. Sie ziehen sich z. B. Wunden und Schnitte zu, haben Muskelschmerzen und erleiden Knochenbrüche. Die Häufigkeit der Verletzungen zeigt, dass die Kinder nicht einmal Schutzkleidung gestellt bekommen oder andere Hilfsmittel, die das Risiko von Verletzungen verkleinern.
Wenn wir Fair-Trade-Schokolade kaufen, tragen wir Sorge dafür, dass Bauern ausreichend bezahlt werden, sodass sie erwachsene Arbeiter bezahlen können. Als Kunde sollte man darauf achten, dass Schokolade das Fair-Trade-Siegel trägt, denn bei der herkömmlichen Produktion von Schokolade werden die Bauern nicht ausreichend bezahlt. Ein Kleinbauer im Kakaoanbau verdient zum Beispiel oft nicht mehr als 1,25 US-Dollar, das ist gerade mal circa 1 Euro pro Tag. Auch die „Make Chocolate Fair"-Projektleiterin Evelyn Bahn meint, dass der Preis für Kakao angehoben werden müsse. Laut einer Studie sind tatsächlich 41 % der befragten Menschen bereit, mehr Geld für Fair-Trade-Produkte zu bezahlen. Zum Glück ist der Preisunterschied zwischen herkömmlicher Schokolade und Fair-Trade-Schokolade gar nicht so hoch, deshalb können wir mit ein paar Cents viel Gutes tun. Und eine weitere gute Nachricht möchte ich euch zum Schluss nicht vorenthalten: Der Konsum von Fair-Trade-Schokolade bedeutet nicht, dass man auf Genuss verzichten muss, weil Fair-Trade-Schokolade genauso gut schmeckt wie herkömmliche Schokolade. Das haben z. B. Blindtests an unserer Schule gezeigt. In Zukunft erscheint es mir daher wichtig, dass unsere Schul-Cafeteria ein Zeichen setzt und nur noch Fair-Trade-Schokolade verkauft, sodass wir auf diesem Weg Kindern in Ghana oder der Elfenbeinküste die Chance auf ein besseres Leben geben können.

Seite 10

1 *So könnte deine Lösung aussehen:*
Mein Blick fällt zuerst auf den bunten Heißluftballon mit dem Feuer spuckenden Menschen, weil beide zusammen einen großen Anteil des Bildes ausmachen.

2 *Individuelle Schülerlösungen*

3 *So könnte deine Lösung aussehen:*
Du spielst gerne mit dem Feuer? Dann probiere die neuen Pringles Hot & Spicy!

Seite 11

4 *So könnte deine Lösung aussehen:*
Einleitung
Format: Querformat; *Art des Bildes*: elektronisch bearbeitetes Foto; *Firma/Organisation*: Pringles (Hot & Spicy); *Thema der Abbildung*: Wirkung des Verzehrs von Pringles-Chips
Hauptteil
Zentrum des Bildes: Feuer spuckender Mensch mit Pringles-Dose in der Hand und Heißluftballon; *Hintergrund:* grauer Himmel, Dächer einer Großstadt; *Bildränder:* → oben: wolkenverhangener, grauer Himmel; → unten: Dächer einer Großstadt; → rechts: Heißluftballon und Feuer spuckender Mensch mit Pringles-Dose in der Hand; → links unten: Pringles-Logo „Hot & Spicy"; *Farbgebung*: dunkle, kühle Farben (grau, schwarz, blau, lila); Kontrast: Feuer und Logo der Firma (rot, orange); *Logo bzw. Text*: rote Pringles-Dose mit „Männchenkopf", darunter Pringles-Schriftzug + „Hot & Spicy"
Schluss
Gesamtwirkung des Bildes: trist/monoton/langweilig; auffällig: bunter Heißluftballon mit dem hellen Feuer; *persönliche Beurteilung:* (Nicht-)Gefallen der Anzeige, da sich die Aussage nicht gleich auf den ersten Blick erschließt

5 *So könnte deine Lösung aussehen:*
Mit dem Bild im Querformat wirbt die Firma Pringles für eine neue Sorte Chips, nämlich die Sorte „Hot & Spicy". Bei dem Bild handelt es sich um ein elektronisch bearbeitetes Foto. Das Thema der Abbildung ist die angebliche Wirkung des Verzehrs von Pringles-Chips.
Der erste Blick der Betrachterinnen und Betrachter fällt auf den bunten Heißluftballon, der sich im Zentrum des Bildes am rechten Bildrand befindet. Die am unteren Bildrand dargestellten Dächer einer Großstadt und der wolkenverhangene Himmel im oberen Drittel rücken dadurch in den Hintergrund. Das Bild wird dominiert von dunklen und kühlen Farben wie Grau, Schwarz, Blau. Lediglich das hell lodernde Feuer und das rote Pringles-Logo der Firma am linken unteren Bildrand bilden einen starken Farbkontrast dazu. Das Logo besteht aus einer roten Pringles-Dose mit einem „Männchenkopf", darunter befindet sich ein gelber Pringles-Schriftzug und ein rot-weißer Schriftzug des Produkts „Hot & Spicy".
Zusammenfassend lässt sich sagen, dass das Bild durch den starken Kontrast zwischen grauem Hintergrund und dem bunten Ballon und Pringles-Logo die Aufmerksamkeit der Betrachterinnen und Betrachter geschickt lenkt. Mir gefällt die Anzeige, weil der Blick des Betrachters nicht gleich auf das zu bewerbende Produkt gelenkt wird, sondern dass er vielmehr die Aussage der Werbung erst einmal entschlüsseln muss.

Seite 12

1 *So könnte deine Lösung aussehen:*

Gemeinsamkeiten	Unterschiede
– fett gedruckter Spruch in Weiß, rot unterlegt – Querformat – Internetadresse oben links genannt – Firma/Organisation rechts unten genannt	– türkis hinterlegt/mit Bild (Marsroboter) – Marsroboter: zusätzlicher Text unten links – allgemein: unterschiedliche Farbgebung

Seite 13

2 **a)** und **b):**
Alliteration („Am Anfang"): erhöhte Aufmerksamkeit zu Textbeginn
Sprachspiel („Am Anfang waren Himmel und Erde."): Bibelbezug, Anlehnung an Bekanntes, durch Bibelbezug entsteht auch der Eindruck, man habe es mit etwas besonders Wichtigem zu tun.
Sprachspiel („Gestern auf dem Mond. Heute auf dem Mars."): Sprachspiel mit „hinterm Mond leben" (also rückständig sein) bewirkt, dass das Handwerk gar nicht rückständig erscheint (schließlich tun sie etwas für die Raumfahrt, speziell für die Marsexpedition).
Übertreibung („Den ganzen Rest haben wir gemacht."): betont, wie viel das Handwerk leistet und in wie vielen Bereichen es tätig ist.
Dreierfigur (Himmel – Erde – Rest): Wirkung wie die ↑Übertreibung: Gott schuf Himmel und Erde, das Handwerk den Rest: Leistungsstärke und Wichtigkeit des Handwerks.
Gegensatz (gestern – heute): betont, dass das Handwerk heutzutage alles andere als „hinterm Mond" lebt, also eben nicht rückständig ist.

3

Anzeige 1 (türkiser Hintergund)	Anzeige 2 (Bild: Marsroboter)
Internetadresse: *www.handwerk.de* → oben links	**Internetadresse:** *www.handwerk.de* → oben links
Slogan: *Am Anfang waren Himmel und Erde. Den ganzen Rest haben wir gemacht.* → Bildzentrum	**Slogan:** *Gestern hinterm Mond. Heute auf dem Mars.* → linkes oberes Bildzentrum
Hinweis auf Firma bzw. Organisation: *Das Handwerk. Die Wirtschaftsmacht. Von nebenan.* → rechter unterer Bildrand	**Hinweis auf Firma bzw. Organisation:** *Das Handwerk. Die Wirtschaftsmacht. Von nebenan.* → rechter unterer Bildrand
	Informationstext → klein gedruckt, linker unterer Bildrand

4 *So könnte deine Lösung aussehen:*
Attention: starke und kontrastreiche Farben; große Schrift; Bild
Interest: Gefährt/Roboter macht neugierig: Man fragt sich: Was ist dort dargestellt?
Desire: Wunsch, die besonderen Fähigkeiten des Handwerks kennen zu lernen
Action: Aufforderung, in den eigenen Heizungskeller zu schauen und das Handwerk zu kontaktieren (→ *Informationstext*)

5 *So könnte deine Lösung aussehen:*
Das Werbebild des Handwerks wirkt auf den ersten Blick sehr interessant, man möchte genauer hinschauen und mehr erfahren. Bei der Anzeige handelt es sich um ein elektronisch bearbeitetes Foto im Querformat in Verbindung mit verschiedenen Textarten. Die Anzeige thematisiert die Leistungen des deutschen Handwerks. Der erste Blick des Betrachters fällt auf den technisch hochmodernen Roboter, der sich im Zentrum des Bildes befindet. Farblich hebt er sich durch das fast glänzende Schwarz und einzelne hellgraue Elemente besonders vom rötlich-orange gefärbten Hintergrund, einer Hügellandschaft auf dem Mars, ab. Die Hügellandschaft scheint dadurch eher in den Hintergrund zu rücken. Die weiße Schrift des Slogans und des Logos, die sich auf rotem Hintergrund befindet, sticht dem Betrachter sofort ins Auge. Im unteren Drittel sind links ein Informationstext sowie rechts das Logo des Handwerks zu sehen.
Das Bild enthält mehrere Textarten: Es weist eine Internetadresse am linken oberen Bildrand auf, einen links von der Bildmitte platzierten Slogan („Gestern hinterm Mond. Heute auf dem Mars."), einen Informationstext im linken unteren Bildteil sowie einen Hinweis auf die werbende Organisation („Das Handwerk. Die Wirtschaftsmacht. Von nebenan.").
Die Anzeige setzt unterschiedliche sprachliche Mittel ein: Das Wortspiel („Gestern hinterm Mond. Heute auf dem Mars.") und der Gegensatz (gestern – heute) stellen einer gestrigen Rückständigkeit die heutige technisch hoch entwickelte Marslandung gegenüber. Dies bewirkt das darin enthaltene ursprüngliche Sprichwort „hinterm Mond leben", das für eine unterentwickelte Lebensführung steht. Die Gegenüberstellung von „gestern" und „heute", die die Sätze jeweils einleitet, betont, dass das Handwerk gar nicht (mehr) rückständig ist – schließlich tut das Handwerk etwas für die Raumfahrt, in diesem Fall für die Marsexpedition, somit ist es in der Forschung ganz vorne mit dabei.
Es zeigt sich, dass die Werbeanzeige das AIDA-Prinzip (Attention, Interest, Desire, Action) als Werbestrategie nutzt. Dazu tragen die kontrastreichen Farben und das Bild des Roboters bei (Attention, Interest). Man bekommt den Wunsch (Desire), sich näher mit dem Handwerk zu beschäftigen, vielleicht erscheint auch eine Ausbildung im Handwerk attraktiver (Action).
Die Aussage des Bildes ist nicht selbsterklärend. Erst im klein gedruckten Informationstext, der sich am linken unteren Bildrand befindet, wird der Zusammenhang zwischen der Abbildung, dem Slogan und dem „Handwerk" deutlich: So sei es – wie auch bei der Weltraumtechnik – teilweise ein langer Weg von der Idee bis zu deren Umsetzung. Und auch bei der Raumfahrttechnik werde auf das Wissen und die Ideen des Handwerks zurückgegriffen.

Die Anzeige zielt darauf ab, dass der Betrachter die besonderen Leistungen des Handwerks durch den Bezug zu der technisch hoch entwickelten Erkundung des Roten Planeten besser zu würdigen weiß.
Zusammenfassend lässt sich sagen, dass die Anzeige durch Farbgebung, verschiedene Textarten, sprachliche Mittel und den Aufbau nach dem AIDA-Prinzip die beabsichtigte Wirkung erzielt, Aufmerksamkeit auf die Leistungen des Handwerks zu lenken.
Mir gefällt die Anzeige, weil ihre Deutung das Lesen des Informationstextes und etwas Wissen über die Besonderheit der Mars-Erkundung voraussetzt.

Seite 14

1 **a)** *So könnte deine Lösung aussehen:*
sehen: grauer Fels, Wasserlauf, vereinzelt grünes Moos und andere kleine Gewächse, Wurzeln, meine Klassenkameradin/meinen Klassenkameraden
hören: rauschendes Wasser, Vögel, Wind, der in den Bäumen pfeift, Rufe und Gespräche meiner Klassenkameradinnen/meiner Klassenkameraden
riechen: klare, frische Luft, herbes Moos
spüren/tasten: harter Fels, kalter Stein, das Seil, die teilweise nasse Oberfläche des Felsen, die Hand einer Mitschülerin/eines Mitschülers
b) und **c)** *Individuelle Schülerlösungen*

Seite 15

2 **a)**
Was? Canyoning-Tour im Rahmen einer Klassenfahrt
Wann? in der ersten Juniwoche
Wo? in Blauenthal im Erzgebirge
Wer? die Klasse 7d
Wie? Hinunterklettern enger Schluchten mittels Abseilen, Rutschen oder Tauchen
Warum? Stärkung der Klassengemeinschaft
Mit welchen Folgen? Zusammenschweißen der Klassengemeinschaft, Weiterempfehlung an andere Klassen

b) In der ersten Juniwoche fand die Klassenfahrt der 7d nach Blauenthal im Erzgebirge statt. In diesem Rahmen unternahm die Klasse eine Canyoning-Tour. Beim Canyoning klettert man enge Schluchten mittels Abseilen, Rutschen oder Tauchen hinunter. Die Klasse wollte auf diesem Wege ihre Gemeinschaft stärken, was ihr auch geglückt ist. Daher kann die Klasse 7d eine solche Unternehmung den anderen Klassen nur empfehlen.

Seite 16

3 **a)** Schildernde Textstellen:
Zeile 12–17: *Unter unseren Füßen knirschte der Kies und im Bauch kribbelte es vor Aufregung. Oben angekommen, wurde einigen dann ziemlich mulmig beim Anblick des rauschenden Wassers, der metertiefen Felsspalten und der grauen Felswände, die wie stumme Riesen auf uns herunterblickten.*

b) *So könnte deine Lösung aussehen:*
Die Felsen fühlten sich kalt und rau an, an manchen Stellen waren sie nass und glitschig und man musste aufpassen, dass man nicht wie auf Glatteis ausrutschte. Die Luft war klar und frisch, hin und wieder lag der herbe Geruch von Moos darin. Ich klammerte mich an das Seil, mit dem ich versuchte, mich von einem hohen Felsblock abzuseilen. Gut zwei Meter trennten mich noch von dem nächsten Zwischenstopp auf einem Felsplateau, wo mein Freund auf mich wartete. Er stand ein Stück vom Fels entfernt und blickte auf den Quellfluss, der von oben herabschoss und seine Kleidung bereits wie Sprühregen durchfeuchtet hatte. Das Wasser war eiskalt, aber durch die gute Schutzkleidung machte uns das nichts aus. Ich tastete mich wieder ein Stück weiter, nutzte dabei die Felsvorsprünge wie Treppenstufen und sprang das letzte kleine Stück hinab. So ging es von Felsplateau zu Felsplateau weiter. An einigen Stellen stand das Wasser kniehoch und wir wateten durch das glasklare Quellwasser. Die ganze Zeit hörten wir den beruhigenden Klang des rauschenden Wassers, der hin und wieder durch Rufe unserer Mitschülerinnen und Mitschüler oder Vogellaute ergänzt wurde. Am meisten Spaß hatten wir an den Stellen, die durch den Wasserlauf bereits ausgewaschen waren, sodass wir wie in einer Wasserrutsche hinabrutschen konnten. Aber auch mit den schwierigeren Passagen kamen wir zurecht, wobei es oft hilfreich und beruhigend war, die Hand des Freundes in seiner eigenen zu spüren. Unten angekommen, umarmten wir uns alle und waren stolz auf unseren Mut.

4 **a)** *So könnte deine Lösung aussehen:*
Den gestrigen Nachmittag habe ich mit meinen Freunden am Schaalsee verbracht. Es war ein heißer Sommertag und wir konnten im See baden. Gegen 16:30 Uhr zogen allerdings dunkle Wolken auf, sodass wir schnell unsere Sachen zusammenpackten. Da wir es nicht mehr trocken nach Hause geschafft hätten, suchten wir unter einem umgedrehten Boot in der Nähe Schutz.

b) Dort warteten wir das Gewitter ab, ehe wir dann mit unseren Fahrrädern im Trockenen nach Hause fahren konnten.

5 *So könnte deine Lösung aussehen:*
hören: Regen, Donner, Pfeifen des Windes in den Bäumen, Rufe von Menschen

sehen: See, der von Wind und Regen aufgewühlt wird, vereinzelte Menschen, die davoneilen, vereinzelte Gegenstände (vielleicht Müll), die durch die Luft gewirbelt werden, meine Freunde, die mit mir unter dem Boot sitzen, Blitze, die am Himmel/Horizont aufleuchten

fühlen: Mischung aus Unbehagen (Gefahr der Situation, Nässe, Lautstärke) und Wohligkeit (Schutz des Bootes, Zusammensein mit den Freunden), Abenteuergefühl

Seite 17

6 *So könnte deine Lösung aussehen:*
Die Blitze leuchteten gleißend hell am Himmel auf.
Der Regen prasselte unaufhaltsam auf das Boot.
Der Donner schallte ohrenbetäubend.

7 *So könnte deine Lösung aussehen:*
Wir rannten schnell wie der Wind.
Die Regentropfen prasselten wie kleine Steinchen auf das Boot.
Die Donnerschläge hörten sich an wie das Gebrüll eines wütenden Löwen.
Unter dem Boot war es eng wie in einer Sardinenbüchse.
Mein Herz klopfte, als wenn es gleich zerspringen würde.

8 *So könnte deine Lösung aussehen:*
Schnell wie der Wind waren wir zum Boot gerannt, dort angekommen, kauerten wir uns zusammen, denn unter dem Boot war es eng wie in einer Sardinenbüchse. Mein Herz klopfte, als wenn es gleich zerspringen würde. Neugierig und ängstlich zugleich blickten wir durch den Spalt nach draußen und sahen, wie die Blitze gleißend hell am Himmel aufleuchteten. Der See, der eben noch ruhig wie ein Ententeich war, wurde nun vom Regen und vom Wind aufgewühlt. Eine Trinkflasche aus Plastik wirbelte durch die Luft. Vereinzelt waren noch Menschen zu sehen, die sich eilig davonmachten. Ihre Rufe wurden von den Geräuschen des Gewitters übertönt: Die Regentropfen prasselten wie Steinchen auf unser Boot, der Donner schallte ohrenbetäubend und klang wie das Gebrüll eines wütenden Löwen. Ich blickte meine Freunde an und konnte sehen, dass sie genauso froh wie ich waren, dieses Abenteuer nicht alleine zu erleben.
Nach einiger Zeit ebbte der Regen ab und das Gewitter zog weiter. Wir krabbelten unter dem Boot hervor, schwangen uns auf unsere Fahrräder und fuhren nach Hause, um allen von unserem Abenteuer zu berichten.

Seite 19

1 *So könnte deine Lösung aussehen:*
- Ich finde den Titel nicht passend, weil Neid nicht grau sein kann und der Titel zu wenig über den Inhalt der Erzählung verrät.
- Ich finde den Titel passend, weil durch ihn gut zum Ausdruck kommt, dass Neid hässlich ist, was ja auch Anita am Ende der Erzählung erkennt.

2 Die Pointe der Erzählung besteht darin, dass Anita selbst den von ihr für Mareike ausgesuchten Stoff geschenkt bekommt und umgekehrt. Dadurch treten Anitas Hintergedanken bei der Auswahl des Stoffes hervor.

Seite 20

3

Ausgangssituation der Hauptfigur Z. 1–6	Anita ist neidisch auf ihre Schwester Mareike: Diese ist beliebt, ihr fällt alles leicht. Anita selbst muss sich Beachtung und Zuneigung mühsam erarbeiten.
Problem der Hauptfigur Z. 7–16	Anita hat bald Geburtstag. Sie ist traurig/wütend, weil sie mit ihrer Mutter einen schönen Stoff für Mareike aussuchen soll (diese soll an Anitas Geburtstag nicht leer ausgehen).
Lösungsversuch der Hauptfigur Z. 16–42	Anita sucht einen grauen Stoff für ihre Schwester aus. Dabei weiß sie, dass Mareike diese Farbe nicht mag.
Ende Z. 43–50	Mareike hat für Anita einen schönen Stoff ausgesucht. Als Anita Mareikes Gutherzigkeit bemerkt, lehnt sie deren Angebot, die Stoffe zu tauschen, ab. Sie bittet die Mutter, ihr aus dem grauen Stoff ein Kleid zu nähen.

4 Die Geschichte „Neid ist grau mit gelben Punkten" ist 1976 von Cili Wethekam verfasst worden. In der Geschichte geht es darum, wie Anita ihre Eifersucht gegenüber ihrer Schwester Mareike überwindet.

Begründung: Anita ist neidisch auf ihre Schwester Mareike (Z. 1). Sie gönnt ihr nicht, dass auch sie ein schönes Geschenk an ihrem Geburtstag bekommen soll (Z. 16–20). Letztendlich erkennt Anita aber, wie lieb Mareike ist (Z. 38–41), und gönnt ihr den schönen Margeritenstoff (Z. 43–45).

Seite 21

1 *So könnte deine Lösung aussehen:*
Zeile 23–24 („Findest du nicht auch, dass Grau eine schlimme Farbe ist, Anita? Ich glaube, Kummer ist auch grau ..."): Mareike hält Grau für eine schlimme Farbe. In ihrer Vorstellung ist Kummer auch grau.
Zeile 38–40 („Er ist ja noch schöner als damals, Mutter! Und ich hatte ja keine Ahnung, dass er mein Katzentisch sein sollte ... Anita! Hör auf zu weinen – willst du – willst du vielleicht lieber diesen haben? Komm, wir tauschen."): Mareike freut sich sehr über ihren Stoff, von dem sie nicht wusste, dass er für sie gedacht war. Trotzdem bietet sie ihn Anita an, um sie zu trösten.

2 *So könnte deine Lösung aussehen:*
Am Geburtstag bekommt Anita die Zuneigung und Aufmerksamkeit ihrer Familie. Entsetzt stellt sie jedoch fest, dass der graue Stoff, den sie für Mareike ausgesucht hatte, auf ihrem Geburtstagstisch liegt. Ihre Mutter erklärt, dass sie sich nicht mehr mit dem Geschmack ihrer Kinder auskenne und das Aussuchen für die Schwester als Vorwand genommen hätte. Anita weint und ärgert

sich über sich selbst. Mareike hingegen ist vergnügt, da sie sich über ihren schönen Stoff freut, von dem sie geglaubt hatte, dass sie ihn für Anita ausgesucht hätte.

3 *So könnte deine Lösung aussehen:*
Die Geschichte „Neid ist grau mit gelben Punkten“ ist 1976 von Cili Wethekam verfasst worden. In der Geschichte geht es darum, wie Anita ihre Eifersucht gegenüber ihrer Schwester Mareike überwindet.
Anita ist neidisch auf ihre jüngere Schwester Mareike, die beliebt ist und der alles leichtfällt. Anita selbst muss sich die Beachtung und Zuneigung ihrer Umwelt mühsam erarbeiten. Kurz vor ihrem eigenen Geburtstag soll Anita mit ihrer Mutter einen schönen Stoff für die Schwester aussuchen, damit diese an Anitas Geburtstag nicht leer ausgeht. Anita sucht einen grauen Stoff aus, obwohl sie weiß, dass Mareike diese Farbe nicht mag. Am Geburtstag bekommt Anita die Zuneigung und Aufmerksamkeit ihrer Familie. Entsetzt stellt sie jedoch fest, dass der graue Stoff, den sie für Mareike ausgesucht hatte, auf ihrem Geburtstagstisch liegt. Ihre Mutter erklärt, dass sie sich nicht mehr mit dem Geschmack ihrer Kinder auskenne und das Aussuchen für die Schwester als Vorwand genommen hätte. Anita weint und ärgert sich über sich selbst. Mareike hingegen ist vergnügt, da sie sich über ihren schönen Stoff freut, von dem sie geglaubt hatte, dass sie ihn für Anita ausgesucht hätte. Als Anita Mareikes Gutherzigkeit bemerkt, lehnt sie deren Angebot, die Stoffe zu tauschen, ab und bittet die Mutter, ihr aus dem grauen Stoff ein Kleid zu nähen.

Seite 23

1 „Der Zahnarzt“ ist eine kurze Erzählung, sie soll unterhalten und erzählt von einer seltsam-lustigen Begebenheit. Vielleicht soll sie auch belehren, nicht leichtgläubig zu sein.

2 → s. Tabelle unten

3 Die Kalendergeschichte „Der Zahnarzt“ von Johann Peter Hebel aus dem Jahr 1811 handelt von zwei Dieben, die die Idee haben, sich als Patient und Arzt auszugeben und sich auf diesem Wege zu bereichern.
Die beiden formen aus erbetteltem Brot kleine Pillen und wickeln diese in gefärbtes Papier ein. Einer der beiden macht sich auf den Weg in ein Wirtshaus und gibt sich für einen Kranken aus, der Zahnschmerzen hat. Als er genügend Aufmerksamkeit auf sich gezogen hat, kommt der andere hinzu und tut so, als ob er seinen Freund nicht kennen würde. Er spricht den Schmerzerfüllten an, stellt sich als Doktor Schnauzius Rapunzius vor und stellt ihm in Aussicht, ihn von seinen Schmerzen befreien zu können. Der andere willigt ein, nimmt eine der Pillen ein, schreit jedoch zunächst vor Schmerzen auf, bevor sämtliche Probleme verschwunden zu sein scheinen. Die Anwesenden kaufen sodann alle Pillen, woraufhin die beiden Diebe um vierundzwanzig Kreuzer reicher verschwinden.

Tabelle zu Seite 23, Aufgabe 2

Die Kalendergeschichte „Der Zahnarzt“ von Johann Peter Hebel handelt von zwei Dieben, die eine ~~extrem lustige~~ Idee haben, sich als Patient und Arzt ausgeben und den Menschen ihr Geld ~~abknöpfen~~. ~~Nach ewigem Hin und Her haben zwei Tagediebe die Idee, sich Geld zu ergaunern~~, indem sie aus erbetteltem Brot ~~lauter~~ kleine ~~Kügelein oder~~ Pillen formen ~~und darauf Wurmmehl aus altem zerfressenem Holz streuen~~. Sie verkaufen diese immer wieder, weil sie die Brotkrümel schön in rot gefärbtes Papier einpacken, ~~das sie für wenig Geld beim Buchbinder gekauft haben~~. Der eine gibt sich für einen Kranken aus, der Zahnschmerzen hat. ~~Er kann sein Glas Wein nicht trinken und hält sich die Hand an die Backe. Er winselt halblaut~~. Als dieser Mann genügend Aufmerksamkeit auf sich gezogen hat, ~~kam~~ der andere hinzu und ~~tat~~ so, als ob er seinen Freund nicht kennen würde. Er spricht den Schmerzerfüllten an, stellt sich als Doktor Schnauzius Rapunzius vor und ~~verkündet frech~~: ~~„Und wenn ihr meine Zahnpillen gebrauchen wollt, so soll es mir eine schlechte Kunst sein, euch mit einer, höchstens zweien, von Euren Leiden zu befreien“~~. Darauf ~~erwiderte~~ der andre: ~~„Das wolle Gott.“~~ Zuerst schreit der Patient jedoch vor Schmerzen ~~entsetzlich~~ auf, bevor ~~plötzlich~~ sämtliche Probleme verschwunden zu sein scheinen. Daraufhin kaufen die ~~dummen~~ Anwesenden alle Pillen, weshalb die beiden Diebe ~~begeistert~~ und um vierundzwanzig Kreuzer reicher verschwinden. ~~Sie ließen sich's wohl sein von ihrem Geld~~.	Jahreszahl fehlt in der Einleitung sachlich! anderes Wort! Wiederholung/unnötige Information sachlich! unnötige Information umständlich → kürzen Ort fehlt: Wirtshaus unnötige Informationen Präsens → kommt Präsens → tut sachlich! Keine wörtliche Rede! Präsens! Keine wörtliche Rede! sachlich! Keine Spannung aufbauen! sachlich! sachlich! Keine Passagen wörtlich übernehmen!

Seite 26

1 a) und **b)**

a) Textstellen, in denen du etwas über Zero erfährst	**b) Darin enthaltene Informationen über Zero**
Z. 2: „Weil in seinem Kopf absolut nichts drin ist – zero!"	→ dumm?
Z. 3: Zero schwieg; Z. 6: Zero sagte nichts; Z. 9–10: Er lächelte nicht einmal. Er schaute hinunter […] und ging zum Camp zurück.	→ wortkarg, gibt nichts von sich preis
Z. 4: Zero war der Kleinste in der Gruppe D, aber er war immer als Erster fertig; Z. 7–8: Der obere Ring war ein perfekter Kreis und […] Nicht ein Klumpen Erde mehr als notwendig war entfernt worden.	→ klein, aber kräftig, zäh, geschickt
Z.11: Zero stand jetzt neben ihm und sah ihm beim Schreiben zu. „Ich kann das nicht", sagte Zero; Z. 17–18: „Ich würde gern Lesen und Schreiben lernen", sagte Zero. […] Er sprach Zero das ganze Alphabet vor und Zero wiederholte es ohne einen einzigen Fehler; Z. 34: Zero nickte, als hätte er verstanden […]	→ hat keinerlei Schulbildung; ist aber lernbegierig und lernt schnell
Z. 37: „Das heißt, es gibt zweiundfünfzig", sagte Zero; Z. 40: Stanley sah Zero überrascht an. „Ich glaub, du hast recht", sagte er. „Wie hast du das rausgekriegt?"; Z. 53: Wieder starrte Stanley ihn an, erstaunt, wie schnell Zero das alles ausrechnete.	→ Zero kann gut rechnen, hat eine schnelle Auffassungsgabe
Z. 54–57: „Ich werde jeden Tag ein Stück von deinem Loch graben. Ich grabe eine Stunde und du übst eine Stunde mit mir. Und weil ich schneller graben kann als du, sind wir etwa gleichzeitig mit unseren Löchern fertig. Dann muss ich nicht auf dich warten!"	→ schafft mehr als andere; ist willensstark, verfolgt sein Ziel konsequent und mit hohem Einsatz (siehe oben: er ist zäh, siehe unten: Flucht)
Z. 63–64: „Du scheinst ziemlich fit zu sein in Mathe", meinte Stanley. „Ich bin ja nicht dumm", sagte Zero. „Ich weiß, dass mich alle für dumm halten. Aber ich mag nun mal keine Fragen beantworten."	→ weiß, dass er nicht dumm ist, stellt sich dumm, um sich zu schützen (siehe oben: gibt nichts von sich preis)
Zwischentext: Als die Chefin des Camps wegen eines Streits Stanleys Unterricht verbietet, weigert sich Zero, weiterhin Löcher zu graben, schlägt einen Aufseher nieder und flieht.	→ wehrt sich mit Gewalt gegen Willkür; ist konsequent und mutig (oder auch wagemutig?)
Zwischentext: Unterwegs erfährt Stanley etwas über Zeros Vergangenheit.	→ öffnet sich gegenüber Stanley und fasst Vertrauen zu ihm
Z. 65–66: „Wir haben nicht immer auf der Straße gelebt", sagte Zero. „Ich kann mich noch an ein gelbes Zimmer erinnern."; Z. 69: „Aber ich muss noch sehr klein gewesen sein […]"; Z. 70–71: „Ich weiß nur noch, wie ich in meinem Bettchen stand und meine Mutter mir was vorgesungen hat"; Z. 76–77: „Ich bin mir ziemlich sicher, dass es ein Haus war, […]."	→ lebte als Kleinkind in geordneten Familienverhältnissen: eigenes Zimmer in einem Haus; Mutter sang und spielte mit ihm; lebte später auf der Straße
Z. 78–79: „Ich weiß nicht, was mit meiner Mutter passiert ist", sagte Zero. „Irgendwann ist sie weggegangen und nicht mehr wiedergekommen."; Z. 83: Stanley hatte das Gefühl, dass Zero sich selbst etwas erklärte.	→ leidet unter Verschwinden der Mutter, entschuldigt sie aber
Z. 86–88: „Ich mochte es nicht, wenn sie wegging. Ich hatte ein Kuscheltier, eine kleine Giraffe, und die hab ich immer ganz fest an mich gedrückt, solange meine Mutter weg war."	→ wurde von der Mutter häufig allein gelassen, hatte dann Angst
Z. 92: „Eines Tages kam sie nicht zurück", sagte Zero. Seine Stimme klang auf einmal ganz hohl; Z. 97–98: „Über einen Monat lang hab ich da gewartet", sagte Zero. „Kennst du noch den Tunnel, durch den man kriechen kann, zwischen der Rutsche und der Hängebrücke? Da hab ich geschlafen."	→ leidet immer noch darunter, dass seine Mutter ihn verlassen hat

c) *So könnte deine Lösung aussehen:*

- Zero wird am Anfang des Romans als dumm dargestellt (Z. 2), aber später stellt sich heraus, dass er gut rechnen kann, lernbegierig ist und eine schnelle Auffassungsgabe hat (z. B. Z. 17–18).
- Zero erscheint zunächst wortkarg, er schweigt zu Mr. Pendanskis Erläuterung seines Spitznamens und spricht auch kaum mit den anderen Jungen (Z. 3, Z. 9–10). Später aber, auf der gemeinsamen Flucht durch die Wüste, hat er so viel Vertrauen zu Stanley gefasst, dass er sich ihm gegenüber öffnet und von seiner Vergangenheit erzählt (Z. 65–98).

2

Persönlichkeitsmerkmale, Verhalten	Situation im Roman	Gründe für das Verhalten
klein (Z. 4), aber kräftig, zäh und geschickt (Z. 7–8)	ist als Erster mit seinem Loch fertig; sein Loch ist perfekt: perfekter Kreis mit steilen und glatten Wänden (Z. 7–8)	
erscheint wortkarg (Z. 3, Z. 9–10)	schweigt, als Mr. Pendanski ihn als dumm darstellt; spricht auch nicht mit den anderen Jungen (Z. 3, Z. 9–10)	schützt sich so vor Fragen (Z. 63–64), will nichts von sich preisgeben (hatte eine schwierige Kindheit → siehe unten)
wird wegen seiner Wortkargheit als dumm wahrgenommen, kann nicht lesen und schreiben (Z. 11) ist aber offenbar intelligent: zeigt eine schnelle Auffassungsgabe und ist lernbegierig kann gut rechnen	bittet Stanley, ihm Lesen und Schreiben beizubringen, als er sieht, dass dieser einen Brief an seine Eltern schreibt (Z. 17–18); beim Lesen-und-Schreiben-Lernen erfasst er schnell, worum es geht, auch wenn Stanley sich nicht klar ausdrückt (Z. 30–35); kann sehr schnell ausrechnen, wie viele Buchstaben er lernen muss und wie viele Tage er dafür braucht, wenn er sich jeden Tag fünf große und fünf kleine Buchstaben aneignet (Z. 50–52)	kann nicht lesen und schreiben, weil er alleine auf der Straße gelebt hat und nie zur Schule gegangen ist (siehe unten)
ist willensstark, konsequent und zu hohem Einsatz bereit, um an sein Ziel zu kommen; verhält sich dabei aber auch unvernünftig und wagemutig, wird gewalttätig (→ Flucht aus dem Camp)	ist bereit, zusätzlich zu arbeiten, um seine Lese- und Schreibstunden bei Stanley „abzuzahlen" (hilft Stanley bei dessen Loch, wenn er mit seinem eigenen fertig ist) (Z. 54–55); schlägt den Aufseher nieder und flieht aus dem Camp, als dieser ihm die Lese- und Schreibstunden verbietet	will vermutlich seine Lebenssituation verbessern; reagiert verzweifelt, als ihm die Chancen dafür genommen werden
überwindet seine Schweigsamkeit und erzählt Stanley von seiner Kindheit (Z. 65–98: hat als Kleinkind in einem Haus gelebt, hatte ein eigenes Zimmer mit gelben Wänden, seine Mutter kümmerte sich um ihn und sang ihm vor; lebte dann auf der Straße, war tagsüber alleine, hatte Angst, wenn die Mutter nicht da war; Mutter kam eines Tages nicht wieder und er schlief auf dem Spielplatz in einem Kriechtunnel) leidet immer noch unter dem Verlust seiner Mutter, die ihn alleine gelassen hat, entschuldigt sie aber (Z. 81–82)	auf der gemeinsamen Flucht durch die Wüste	hat Vertrauen zu Stanley gefasst

Seite 27

3 **a)** *So könnte deine Lösung aussehen:*
Zero, eigentlich Hector Zeroni, ist eine Figur in Louis Sachars Roman „Löcher". Er gehört mit seinem Freund Stanley zu den beiden Hauptfiguren des Romans. Beide befinden sich im „Green Lake Camp", einer Besserungsanstalt für Jugendliche, weil sie Diebstähle begangen haben sollen. Auf dem Gelände des Camps müssen die Jugendlichen Löcher graben. Nach einer abenteuerlichen Flucht durch die Wüste können Stanley und Zero die kriminellen Machenschaften der Leiterin beweisen und kommen schließlich frei.

b) *So könnte deine Lösung aussehen:*
Zero ist der Kleinste in Stanleys Gruppe, aber offenbar kräftig, zäh und geschickt, denn er ist der beste Graber von ihnen und mit seinem Loch immer „als Erster" fertig (Z. 4). Sein Loch ist „ein perfekter Kreis" und die Seitenwände sind „steil und glatt" (Z. 7–8). Zunächst ist Zero verschlossen und wortkarg. Er wird deshalb für dumm gehalten. Mr. Pendanski, einer der Aufseher, erläutert Zeros Spitznamen zu Beginn des Romans damit, dass „in seinem Kopf absolut nichts drin" sei (Z. 2). Zero schweigt dazu und spricht auch nicht mit Stanley oder den anderen Jungen. Mit seinem Schweigen will er sich vor Fragen schützen, wie er später Stanley gegenüber erklärt (Z. 63–64). Er möchte nichts von seinen schwierigen Lebensumständen preisgeben.
Im Verlauf der Handlung stellt sich jedoch heraus, dass Zero keineswegs dumm, sondern intelligent und lernbegierig ist und eine schnelle Auffassungsgabe hat. Da er nie eine Schule besucht hat, hat er nicht lesen und schreiben gelernt. Als er Stanley eines Tages einen Brief schreiben sieht, bittet er ihn, ihm Lesen und Schreiben beizubringen. Beim Lernen des Alphabets erfasst er schnell, worum es geht, auch wenn Stanley sich nicht klar ausdrückt. Dass er gut rechnen kann, zeigt sich, als er blitzschnell die Anzahl der zu lernenden Buchstaben errechnet und die Anzahl der Tage, die er zum Erlernen braucht (Z. 50–52).
Um seine Lese- und Schreibstunden bei Zero abzuzahlen, ist Zero bereit, zusätzlich zu arbeiten. Er hilft Stanley bei dessen Loch, wenn er mit seinem eigenen fertig ist (Z. 54–56). Dieses Verhalten zeigt, dass er willensstark, konsequent und zu hohem Einsatz bereit ist, um sein Ziel zu erreichen. Diese Willensstärke und Konsequenz werden auch deutlich, als er seinen Aufseher niederschlägt und in die Wüste flieht, nachdem ihm die Schreib- und Lesestunden verboten wurden. Er will unbedingt seine Lebenssituation verbessern. Dass er dabei gewalttätig und mit der Flucht in die Wüste sein Leben riskiert, ist auf seine Verzweiflung darüber zurückzuführen, dass ihm mit dem Verbot eine wichtige Chance genommen wird.
Auf der gemeinsamen Flucht durch die Wüste gewinnt Zero offenbar so viel Vertrauen zu Stanley, dass er seine Verschlossenheit überwindet und Stanley von seiner Kindheit erzählt (Z. 65–98). Der Leser erfährt, dass er als Kleinkind in einem Haus gelebt und ein eigenes Zimmer gehabt hat, dass er dann auf der Straße gelebt hat, von der Mutter lange alleine gelassen wurde und täglich Angst hatte und dass die Mutter eines Tages schließlich gar nicht mehr wiederkam und Zero auf einem Spielplatz im Kriechtunnel geschlafen hat (Z. 97–98).
An diesen Erfahrungen, vor allem am Verlust der Mutter, leidet Zero immer noch.

c) *So könnte deine Lösung aussehen:*
Ich finde Zero gut, weil er etwas lernen will und dafür sogar noch zusätzlich arbeitet. Dass er sich aus seinen schlechten Lebensverhältnissen befreien will, indem er aus dem Camp flieht, ist einerseits bewundernswert, andererseits aber auch sehr riskant. Er hätte verdursten können. Dass er den Aufseher niederschlägt, kann ich verstehen. Schließlich war die Behandlung im Camp für Zero auch gemein und brutal.

Oder:
Ob Zero mir sympathisch ist, weiß ich nicht. Er hält viel aus, ist diszipliniert und auch mutig. Das ist zwar bewundernswert, mir aber fremd.

Seite 29

1 Der Bär sagte: „Der Bär steckt nicht im Walde, und der Bär steckt nicht in seinem Loch; es bleibt nur eins, er steckt unter uns und hat sich als Förster verkleidet." (Z. 46–47)
→ Bär bringt Förster auf die richtige Spur bei der Bärensuche; Förster trotzdem zu dumm, den Bären zu erkennen

Seite 30

2/3 *So könnte deine Lösung aussehen:*
→ s. Tabelle Seite 10

Alternativen: Die Szenen 1 und 2 können zu einer Szene zusammengefasst werden. Die Szene 5 kann in Szene 4 integriert werden, da sie sehr kurz und auf der Bühne kaum zu realisieren ist. Die Förster würden dann außerhalb der Höhle auf die Rückkehr des „Oberförsters" warten. Szene 6 könnte man auch als zwei Szenen ansehen, da mit der Frau des Bären eine weitere Dramenfigur auftritt.

4 *So könnte deine Lösung aussehen:*
Försterkostüm (grüner Lodenanzug, grüner Hut mit Gamsbart, Flinte), Schwanz, Tatzen und Krallen sichtbar

Das Försterkostüm ist wichtig, damit die Förster den Bären für einen von ihnen halten können. Schwanz und Tatzen mit Krallen sind wichtig, damit sie erkennen könnten, dass er kein Förster ist.

5/6 *So könnte deine Lösung aussehen:*

- **Szene 1:** im verschneiten Wald; Bär
(Bär als Förster verkleidet in grünem Rock, mit fabelhaften Stiefeln und einer Flinte auf der Schulter)

Bär *(durch den Wald schwankend, singt)*: Welch herrlicher Tag! (rülpst) Der Bärenschnaps ist wieder gut geraten, ich hätte noch einen Kübel trinken können. Aber auf dem Maskenfest der Förster wird es ja hoffentlich auch noch ordentlich was geben. Mal sehen, wie mein Kostüm ankommt.

- **Szene 2:** im winterlichen Wald; Bär und ein Förster
Förster (im grünen Rock, mit fabelhaften Stiefeln, die Flinte geschultert) läuft dem Bären im Schnee entgegen

Förster *(mit tiefer Bassstimme)*: Gute Nacht, Herr Kollege, auch zum Försterball?

Tabelle zu Seite 30, Aufgabe 2/3

Szene (Zeile)	Personenverzeichnis	Ort und Bühnenausstattung	Handlung
1 (Z. 1–5)	der Bär (verkleidet als Förster)	Wald im Winter (Schnee, dunkle Tannen)	Bär schwankt durch den Wald; ist auf dem Weg zum Maskenfest
2 (Z. 6–16)	der Bär und ein Förster	Wald, Weg zum „Krug zum zwölften Ende“	Förster begrüßt den Bären, hält ihn für den Oberförster; Bär und Förster schwanken zum „Krug zum zwölften Ende“
3 (Z. 17–29)	Bär und versammelte Förster (mit langen Bärten, geschwungenen Schnurrbärten, Geweihen und Hörnern, ein junger, schüchterner Förster mit kleinem Bart und wenigen Geweihen)	Im „Krug zum zwölften Ende“ (Ausstattung einer Gaststätte: Theke mit Gläsern und Flaschen, Tische, Bänke)	Förster halten Bären für Oberförster; feiern ausgelassen; Bär schlägt vor, auszugehen und den Bären zu schießen; alle gehen hinaus
4 (Z. 30–39)	Bär und die Förster	im Wald (Hagebuttensträucher; Zugang zur Bärenhöhle)	Förster schießen in die Luft, schreien herum; Bär frisst Hagebutten, Förster machen das nach; Bär und Förster steigen ins Bärenloch
5 (Z. 40–41)	Bär und die Förster	im Bärenloch	Bär schnüffelt in der Höhle herum, stellt fest, dass der Bär vor Kurzem ausgegangen ist
6 (Z. 42–63)	Bär und die Förster; später die Frau des Bären	im „Krug zum zwölften Ende“	Förster trinken, beschließen, dass der junge Förster der Bär ist; wollen ihn schießen; Bär erklärt, dass ein Bär Schwanz und Krallen hat; Förster stellen fest, dass das auf den Bären zutrifft; Frau des Bären kommt herein und nimmt den Bären mit
7 (Z. 64-65)	Bär und seine Frau	im Wald	Bär und seine Frau gehen nach Hause; Bär beschwert sich, dass seine Frau zu früh gekommen sei

Bär *(mit noch tieferer Bassstimme)*: Brumm.

Förster *(erschrocken zurückweichend)*: Um Vergebung! Ich wusste ja nicht, dass Sie der Oberförster sind.

Bär *(leutselig)*: Macht nichts!
(Bär fasst den Förster unter den Arm, beide schwanken zum „Krug zum zwölften Ende“)

- **Szene 3:** im „Krug zum zwölften Ende“; Bär und die Förster (*mit langen Bärten, geschwungenen Schnurrbärten, mit Hörnern und Geweihen*), ein junger Förster (*mit kleinem Bart und nur wenigen Geweihen*)

Mehrere Förster (*dem Bären kräftig auf den Rücken schlagend, laut*): Juhu!

Bär (*die Förster wie ein Steinschlag auf ihre Rücken schlagend*): Stimmung!

Förster (*erschrocken*): Um Vergebung! Wir wussten ja nicht, dass Sie der Oberförster sind.

Bär: Weitermachen!
(*Bär und die Förster tanzen, trinken, lachen*)

Förster und Bär (*singen*): Wir haben so viel Dorst im grünen Forst.

Bär (*voller Tatendrang*): Wir wollen jetzt ausgehn, den Bären schießen.

Förster (*durcheinander*): Genau! Das wollen wir tun! Den Bären schießen! Welch ein Spaß!
(*Förster streifen sich die Pelzhandschuhe über, schnallen Lederriemen um den Bauch und gehen hinaus*)

- **Szene 4/5:** im Wald (Wald, Hagebuttensträucher und Bärenloch); die Förster und der Bär
(*Förster schießen mit den Flinten in die Luft*)

Förster (*rufen durcheinander*): Hussa! Hallihallo! Halali!
(*Bär reißt Hagebutten vom Strauch und frisst sie*)

Förster (*zeigen auf den Bären*): Seht den Oberförster, den Schelm!
(*Förster fressen auch Hagebutten, schütten sich aus vor Lachen*)

Förster (*blind auf der Bühne umherirrend, durcheinanderrufend*): Aber wo ist der Bär? Wo hat er sich versteckt? Wir finden ihn nicht!

Bär: Warum finden wir ihn nicht? Er sitzt in seinem Loch, ihr Schafsköpfe!
(*Bär geht zum Bärenloch, zieht den Hausschlüssel aus dem Fell, schließt den Deckel auf und steigt hinunter; die Förster warten*)

Bär (*aus dem Loch kommend*): Der Bär ist ausgegangen, aber es kann noch nicht lange her sein, denn es riecht stark nach ihm.

Förster (*bedauernd*): Wie schade! Lasst uns umkehren!
(*Bär und die Förster torkeln zurück zum „Krug zum zwölften Ende“*)

- **Szene 6:** im „Krug zum zwölften Ende“; Bär und die Förster (*alle trinken gewaltig, aber der Bär trinkt unvorstellbare Mengen*)

Förster (*sehen dem Bären beim Trinken zu, stehen starr vor Staunen; stammeln erschrocken*): Um Vergebung! Sie sind ein großartiger Oberförster!

Bär (*haut auf den Tisch*): Der Bär steckt nicht im Walde, und der Bär steckt nicht in seinem Loch; es bleibt nur eins, er steckt unter uns und hat sich als Förster verkleidet.

Förster: Das muss es sein! (*sie blicken sich gegenseitig misstrauisch und scheel an, dann tuscheln sie untereinander, zeigen schließlich auf den jungen Förster, kriechen auf die Bänke, stützen sich auf die Tische und langen nach ihren Gewehren*)

Der junge Förster: Was sucht ihr denn?

Die anderen Förster: Wir wollen dich doch schießen. Du bist doch der Bär!

Bär: Ihr versteht überhaupt nichts von Bären. Man muss untersuchen, ob er einen Schwanz hat und Krallen an den Tatzen.

Förster (*sehen erst auf den jungen Förster, dann auf den Bären*): Die hat er nicht. Aber, Potz Wetter! Sie selbst haben einen Schwanz und Krallen an den Tatzen, Herr Oberförster!

Frau des Bären (*zur Tür hereinkommend; zornig zum Bären*): Pfui Teufel! In was für einer Gesellschaft du dich herumtreibst!
(*sie beißt den Bären in den Nacken und geht mit ihm weg*)

- **Szene 7:** im Wald; Bär und seine Frau
(*Bär und Frau stapfen durch den Schnee auf dem Weg zur Bärenhöhle*)

Bär (*bedauernd*): Schade, dass du so früh gekommen bist! Wir hatten eben den Bären gefunden. – Na, macht nichts. Andermal ist auch ein Tag.
(*Frau Bär blickt ihn verständnislos an*)

7 *Individuelle Schülerlösungen*

Seite 31

8 *So könnte deine Lösung aussehen:*

Szene: Bärenhöhle (*wohnlich ausgestattet: Regale mit Kisten, Körben, Töpfen, Obstkorb; Schaukelstuhl, daneben Stehlampe; Vorhang im Hintergrund; Korbtruhe im Vordergrund*)

Bär (*in karierten Filzpantoffeln, karierten Hosen über dem Bärenkostüm*) sitzt im Schaukelstuhl und raucht Zigarre.

Frau Bär (*mit einer Schürze über dem Bärenkostüm*) steht vor ihm, hält ein Honigfässchen in der Hand.

Frau Bär (*laut schimpfend*): Wieso finde ich nur noch ein Fass Honig bei unseren Vorräten? Wo sind die anderen Fässer geblieben? Wie sollen wir ohne Honig durch den Winter kommen?

Bär (*behaglich an seiner Zigarre ziehend, träge, schon leicht betrunken*): Der Bärenschnaps war alle. Da musste ich neuen ansetzen und dafür braucht man, wie du weißt, eine Menge Honig.

Frau Bär (*zeternd*): Dein ewiges Schnapstrinken wird uns noch ruinieren! Ich möchte gar nicht wissen, wie viel Wodka du eingekauft hast.

Bär: Beruhige dich. Ich habe nur fünf Paletten kommen lassen. – Der Schnaps ist mir vorzüglich gelungen. Mit meiner Mischung aus Honig, Wodka und Kräutern bin ich diesmal sehr zufrieden.

Frau Bär: Du hast ja offenbar schon heftig probiert. Du bist ja kaum noch ansprechbar.

Bär (*genüsslich schmatzend*): Nur ein paar Kübel! (*steht auf*) Und jetzt bin ich in Stimmung und gehe zum Försterball. Ich verkleide mich als Förster – mal sehen, ob mich jemand erkennt.
(*geht ab*)

Seite 33

1 a) Die Ballade handelt von einem Zauberlehrling, der sich selbst überschätzt, Unheil anrichtet und schließlich von seinem Meister gerettet wird.

b) Sprecher Strophe 1–13: Zauberlehrling;
Sprecher Strophe 14: Hexenmeister

2 *So könnte deine Lösung aussehen:*

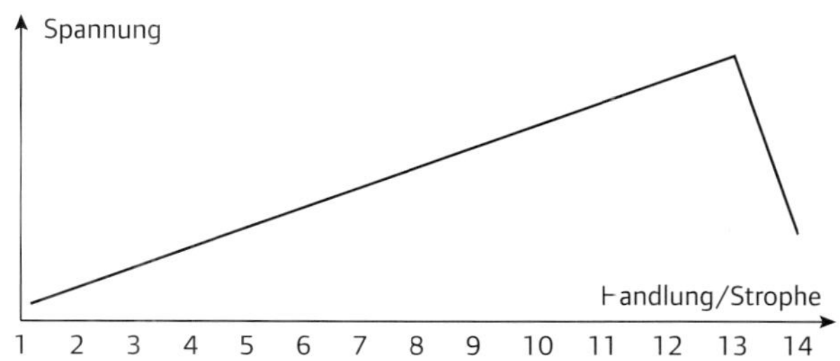

b) 1 – selbstbewusst, 2 – fröhlich, 3 – neugierig, 4 – mutig, 5 – überrascht, 6 – erschrocken, 7 – hilflos, 8 – ängstlich, 9 – verzweifelt, 10 – wütend, 11 – furchtlos, 12 – furchtsam, 13 – panisch [14 – selbstsicher → Hexenmeister]

Seite 34

3 Goethes Ballade „Der Zauberlehrling“ besteht aus 14 Strophen, die abwechselnd 8 und 6 Verse haben. Während die Verse der Strophen 1, 3, 5, 7, 9, 11 und 13 durch einen Kreuzreim verbunden sind, sieht das Reimschema der anderen Strophen so aus: ab bc ac. Das Metrum der Ballade ist durchgängig der Trochäus.

4

sprachliches Mittel	Beispiel aus dem Zauberlehrling
Alliteration	• Walle! walle! (V. 9) • Stehe! stehe! (V. 37)
Wortwiederholung	• Walle! walle! (V. 9/23) • Stehe! stehe! (V. 37) • Will dich fassen,/Will dich halten (V. 67–68)
Übertreibung (Hyperbel)	• hundert Flüsse (V. 49) • Ausgeburt der Hölle (V. 57) • Soll das ganze Haus ersaufen? (V. 58)

5 – Das durchgängige Metrum der Ballade, der Trochäus, verdeutlicht, wie unaufhörlich und regelmäßig das Wasser fließt und dass es nicht unterbrochen oder gestoppt werden kann.
- Die regelmäßige Abfolge der langen und kurzen Strophen erinnert an einen Dialog.
- Durch die kürzeren Verse in der zweiten, vierten usw. Strophe werden die Beschleunigung der Handlung und die zunehmende Unruhe des Zauberlehrlings betont.
- Die häufigen Ausrufe und die Wortwiederholungen, z. B. „Walle! walle!" (V. 9), verstärken den Eindruck, dass der Zauberlehrling aufgeregt ist und zunehmend in Panik verfällt.

Seite 36

1 Im Kampf mit den Naturgewalten (Hexen/Winde) geht die Natur als Siegerin hervor.
Begründung: Die Brücke (→ Technik) kann sich gegen die Hexen/ Winde (→ Natur) nicht behaupten: Sie fängt Feuer und der Zug stürzt ins Wasser.

2 **Rahmenhandlung 1:** Treffen von drei Hexen → Verabredung: Einsturz der Brücke
Binnenhandlung: Einsturz der Brücke: → Warten der „Brücknersleut", → Johnie ist überzeugt von der Überlegenheit der Technik, → Brücke und Zug fangen Feuer, der Zug entgleist ins Wasser
Rahmenhandlung 2: Treffen von drei Hexen: → Verabredung: Folgen des Unglücks benennen (z. B. Anzahl der Toten)

3 *So könnte deine Lösung aussehen:*

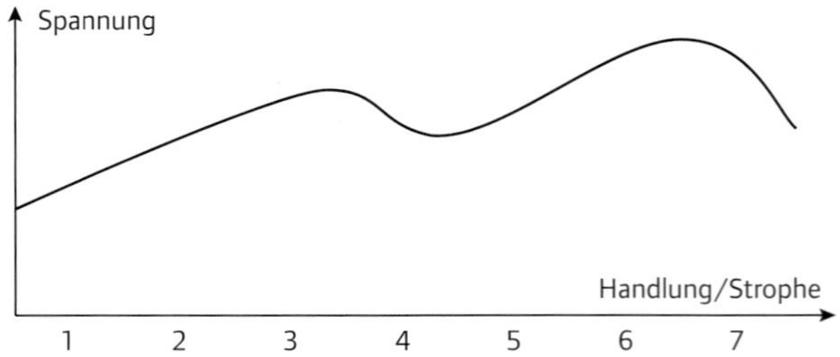

4 **Reim:** In der ersten und siebten Strophe ist das Reimschema unregelmäßig. In der zweiten bis sechsten Strophe finden sich Paarreime.
Metrum: Das Metrum ist unregelmäßig.

Seite 37

5

	Merkmale einer Ballade	**Beispiele aus „Die Brück' am Tay"**
Epik	Erzähler | Erzählperspektive – Gibt es einen (oder mehrere) Erzähler? – Gibt es Abschnitte, die nicht erzählend sind? – Wo befindet sich der Erzähler?	Es gibt nur einen Erzähler, der das Geschehen beobachtet. Dialoge (Hexen) + Monologe (Brückner, Johnie) nicht erzählend, sondern direkte Rede Der Erzähler befindet sich außerhalb des Geschehens, schildert aber die Ängste der Brücknersleute.
Epik	Abgeschlossene Handlung	(→ Aufgabe 2: vorhanden, da der Zug ins Meer stürzt)
Epik	Spannungskurve	(→ Aufgabe 3: mit Einschränkung, da der tragische Ausgang durch den Dialog der Hexen vorweggenommen wird)
Lyrik	Strophen Verse Reim Metrum	7 Strophen Strophe 1 mit 16 Versen, Strophe 2 bis 6 mit jeweils 8 Versen, Strophe 7 mit 12 Versen Paar- und Kreuzreime dominieren in den Strophen 1 und 7, durchgehende Paarreime in den Strophen 2 bis 6 unregelmäßig
Dramatik	Dialoge Monologe	Dialoge, z. B. Strophe 1, Verse 1–16 und Strophe 7, Verse 57–68 Monologe, z. B. Strophe 3, Verse 25–32 und Strophe 4, Verse 35–48 [Bei beiden, dem Brückner und Johnie, wird nicht deutlich, ob sie ihre Aussage an jemanden richten oder mit sich selbst sprechen.]
Dramatik	Dramatische Handlung – Exposition – Höhepunkt/Wendepunkt – Katastrophe	Exposition: Brücknersleute warten gespannt auf den Edinburger Zug (Strophe 2–3, Verse 17–32) Höhepunkt/Wendepunkt: Johnie berichtet stolz von der Überlegenheit der Technik gegenüber den Elementen (Strophe 4–5, Verse 35–48) Katastrophe: Die Brücke wird zerstört und der Zug versinkt im Wasser (Strophe 6, Verse 53–56)

Seite 39

1 Der Text handelt von den Anfängen des Films in der Mitte des 17. Jahrhunderts und seiner Geschichte bis zum Anfang des 20. Jahrhunderts.

2 a) und **b)**
Zeile 12: *Laterna Magica* und *Lebensrad* als Vorläufer des Films
Zeile 40: *z. B.* Die erste Filmvorführung *oder* Der Siegeszug der französischen Brüder Lumière
Zeile 60: Der Film als Möglichkeit, Geschichten zu erzählen

Seite 40

3 a) Laterna Magica (Z. 14): „Zauberlaterne", wirft Bilder vergrößert auf eine Wand [→ Text]
Phenakistiskop (Z. 22): Scheibe mit kreisförmig angeordneten Bildern einer Bewegungsabfolge [→ Text]
Kinematografie (Z. 39): Wissenschaft/Technik des Films [→ Wörterbuch]
Kinetoskop (Z. 44): ein Aufnahme- und Betrachtungsgerät [→ Text]
Bioskop (Z. 48): Einrichtung zur Projektion von Filmaufnahmen [→ Wörterbuch]
fiktionale Stoffe (Z. 64): Ausgedachtes. Gegenteil: reale Ereignisse [→ Text]

b) *Individuelle Ergebnisse der Schülerinnen und Schüler*

4 Funktion von *Laterna Magica* und *Lebensrad*: Z. 14–15 und Z. 22–24
wichtigste Meilensteine für die Entwicklung des Films: Z. 25, Z. 33–36, Z. 49–51
Inhalt der ersten Filmvorführungen: Z. 50–53, Z. 57–59

5

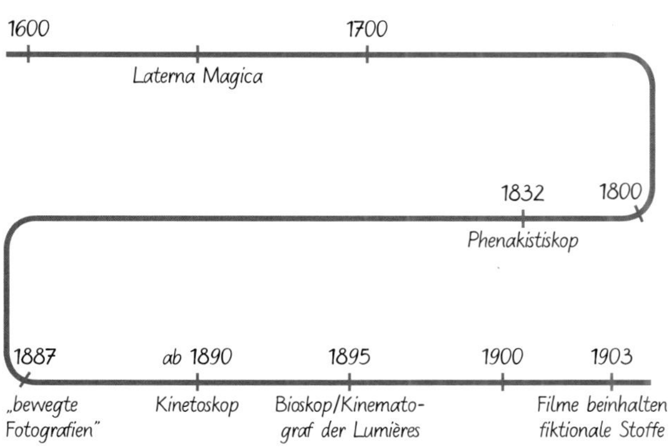

Seite 41

6 a) Die Zahl der Kinobesucher war 2015 ähnlich hoch wie im Jahr 2000.
Die meisten Kinobesucher in diesem Zeitraum waren im Jahr 2001 zu verzeichnen.

b) Im Vergleich zu 2014 war im Jahr 2015 ein Anstieg der Besucherzahlen in den deutschen Kinos zu verzeichnen. In den Jahren 2010–2014 gingen weniger Menschen ins Kino als 2015. Die meisten Besucher, nämlich ca. 175 Millionen, wurden dagegen im Jahr 2001 gezählt. Der beliebteste Film in Deutschland im Jahr 2015 war „Fack ju Göhte 2" mit 7,65 Millionen Besuchern. Der Großteil der zehn beliebtesten Filme 2015 wurde in den USA/in Amerika produziert. Nur zwei Filme in den Top 10 dagegen stammen aus Deutschland.

Seite 42

7 – In dem Text geht es darum, wie man in vier Schritten einen eigenen Film drehen kann.
– Sinnabschnitte (entsprechen weitgehend den Absätzen im Text) und Überschriften:
  - Z. 3–10: Thema des Films (auch als zwei Sinnabschnitte möglich: Z. 3–6 und Z. 7–10)
  - Z. 11–17: Rechtliche Voraussetzungen
  - Z. 18–21: Technische Voraussetzungen
  - Z. 22–29: Beim Dreh: Reihenfolge der Szenen und Position der Kamera
  - Z. 30–38: Der richtige Ton und das richtige Licht
  - Z. 39–44: Rohschnitt, Feinschnitt und Hochladen des Films

Seite 43

8 a) und **b)** Leitfaden: In vier Schritten zum eigenen Internet-Film
Ausrüstung/Zubehör: evtl. rechtliche Genehmigung(en), Kamera/Handy, Computer (+ Apps/Programme zum Schneiden des Films), Stativ, evtl. Mikrofon, Lampe(n)
1: Eine Idee entwickeln: – Dokumentarfilm?
2: Plan für den Ablauf des Drehs: Komplizierteste Szene zuerst!
3: Dreh des Films: Auf Kameraposition, Ton und Licht achten!
4: Roh- und Feinschnitt des Films: Spezielle Computerprogramme/Apps nutzen!
Zum Schluss kannst du deinen Film auf eine Videoplattform hochladen.

Seite 44

1 a) und **b)**

	Nomen (Nom. Sing.)	**Artikel**	**Adjektiv** (Positiv)
a)	der Gedanke, der Roman	die	zahlreich
b)	der Mensch (Z. 1), die Zukunft (Z. 1)	den (Z. 6), der (Z. 7)	fern (Z. 1), erfunden (Z. 8–9)

	Adverb	**Verb** (Infinitiv)	**Präposition**
a)	oft	machen, bedeuten	über, durch
b)	sicherlich (Z. 4–5)	leben (Z. 3), spielen (Z. 4)	im (Z. 3), in (Z. 4 + 6)

2	Präsens	Perfekt	Präteritum	Plusquamperfekt	Futur
	sind , gibt, bezeichnet, bedeutet, bezeichnet	gemacht haben	verarbeiteten	waren gegangen	werden leben, werden spielen

3 Personalpronomen: wir (Z. 2), sie (Z. 6)
Possessivpronomen: unserer (Z. 4)
Relativpronomen: die (Z. 1: Die Gedanken, **die** Menschen sich ...) *oder* die (Z. 7: ... in Romanen und Filmen verarbeiteten, **die** man als ...)
Demonstrativpronomen: diese (Z. 6)

Seite 45

1

alle Wörter	
flektierbar	**nicht flektierbar**
ein (Artikel)	erstmals (Adverb)
Raumfähre (Nomen)	über (Präposition)
heißt (Verb)	damals (Adverb)
diese (Demonstrativpronomen)	deshalb (Adverb)
französischer (Adjektiv)	heute (Adverb)
seine (Possessivpronomen)	
den (Artikel)	
heutigen (Adjektiv)	
wirken (Verb)	

2 a) Adjektive: ersten (Z. 1), neuen (Z. 1), langweiliges (Z. 1–2), aufregende (Z. 2), geheimen (Z. 3), neuen (Z. 4), superintelligenter (Z. 5), neuen (Z. 8), alten (Z. 9), unglaubliche (Z. 9), allergrößter (Z. 10–11), Gefährlicheres (nominalisiertes Adjektiv, Z. 11), schwarzes (Z. 12)

b) Ohne die Adjektive gehen wichtige Informationen verloren (z. B. Zeile 3: es ist ein *geheimer* Schlüssel), außerdem wirkt der Text ohne Adjektive weniger spannend (z. B. Zeile 10–11: die Freunde befinden sich in *allergrößter* Gefahr).

Seite 46

1 a)

Infinitiv	Präsens	Präteritum	Partizip II
treffen	trifft	traf	getroffen
schreiben	schreibt	schrieb	geschrieben
besitzen	besitzt	besaß	besessen
erleben	erlebt	erlebte	erlebt
sehen	sieht	sah	gesehen

b) *So könnte deine Lösung aussehen:*
A Präsens: George trifft zum ersten Mal seine Nachbarn.
B Präteritum: Lucy und Stephen King schrieben den Roman „Der geheime Schlüssel zum Universum“ gemeinsam.
C Perfekt: Eric hat einen superintelligenten Computer besessen.
D Plusquamperfekt: Auf seiner Reise durch die Weiten des Universums hatte George viel erlebt.
E Futur: Mit dem geheimen Schlüssel wird George die Welt aus einer ganz neuen Perspektive sehen.

2 a) A: falsch; B: falsch; C: richtig; D: richtig; E: falsch; F: richtig; G: falsch; H: richtig

b) A Das Futur wird gebildet mit dem Präsens von *werden* und dem Infinitiv.
B Das Präteritum von *verwechseln* heißt in der 1. Pers. Sing. „ich verwechselte“.
E Das Partizip II braucht man für die Bildung der Zeitformen Perfekt und Plusquamperfekt.
G Das Perfekt von *abreisen* heißt in der 1. Pers. Sing. „ich bin abgereist“.

Seite 47

3 starke Verben: finden (fand), essen (aß), stehlen (stahl), fangen (fing), lesen (las)

schwache Verben: lernen (lernte), fragen (fragte), folgen (folgte), kaufen (kaufte)

4 Nachdem Hawking bereits mehrere wissenschaftliche Bücher veröffentlicht hatte, beschloss er, zusammen mit seiner Tochter Lucy Science-Fiction-Romane für Kinder und Jugendliche zu schreiben. Bevor sie mit ihrer gemeinsamen Arbeit begannen, hatten Hawking und seine Tochter beruflich nichts miteinander zu tun gehabt.

Seite 48

1 a) Aktivformen: unternehmen (Z. 2), erleben (Z. 2), erfahren (Z. 4), zeigen (Z. 5)

Passivformen: wird beschrieben (Z. 1), werden beantwortet (Z. 3), sind eingefügt (Z. 4–5)

b) Die Betonung im Aktivsatz liegt auf der/dem Handelnden, die Betonung im Passivsatz hingegen liegt auf dem Objekt, mit dem etwas gemacht wird/geschieht.

2 Einige Jugendliche lesen in ihrer Freizeit Bücher über die Zukunft. (Aktiv)
→ Passiv: Bücher über die Zukunft werden von einigen Jugendlichen in ihrer Freizeit gelesen.
Verfilmungen von Jugendbüchern werden von vielen Teenagern angeschaut. (Passiv)
→ Aktiv: Viele Teenager schauen sich Verfilmungen von Jugendbüchern an.

3 (1) Aktiv, (2) Vorgangspassiv, (3) Vorgangspassiv, (4) Zustandspassiv

Seite 49

1 A Die Sonde Voyager 1 war 1977 ins All geschossen worden: Plusquamperfekt
B Das äußere Planetensystem wird von der Raumsonde erforscht werden: Futur I
C Die Raumsonde ist mit einer goldenen Schallplatte ausgestattet worden: Perfekt
D Die goldene Schallplatte wird Außerirdischen Informationen über uns liefern: Aktiv (Futur I)
E Als Erstes wurde ein Musikstück von Johann Sebastian Bach darauf gespeichert: Präteritum
F Außerdem werden die Außerirdischen in 55 Sprachen begrüßt: Präsens
G Voraussichtlich wird die Mission im Jahr 2026 beendet worden sein: Futur II

2 a) Passivformen: wird … nachgegangen, wurde … ermahnt

b) Tempus: wird … verändern: Futur I; wird … nachgegangen: Präsens; wurde … ermahnt: Präteritum; umgegangen sind: Perfekt

c) wurden … ausgerottet; gewarnt worden waren; ausgelöscht worden ist

Seite 50

Teste dich! Wortarten unterscheiden und Formen des Verbs richtig verwenden

1 jene: Demonstrativpronomen; **die:** Relativpronomen; **den:** Artikel; **mit:** Präposition; **zahlreichen:** Adjektiv; **Roman:** Nomen; **äußern:** Verb; **ihrem:** Possessivpronomen

2 a) und **b)**

Präsens	Perfekt	Plus-quamperfekt	Futur
entwickelt	hat geschrieben	hatten gesehen	wird arbeiten
entwickelte (schwach)	schrieb (stark)	sah (stark)	arbeitete (schwach)

3 Perfekt: Im Roman sind den Menschen die Folgen der Klimaerwärmung schon verdeutlicht worden. (~~waren~~)
Präteritum: Warum waren die Menschen so unbekümmert? Sie wurden doch schließlich gewarnt. (~~sind~~)
Plusquamperfekt: Ich wusste nicht, dass die Natur vor hundert Jahren noch nicht so sehr zerstört worden war. (~~ist~~)

Seite 51

1 → s. Tabelle S. 16

2 *So könnte deine Lösung aussehen:*
Wenn ich Schriftsteller/-in wäre, *schriebe ich spannende Romane.*
Wenn du Zauberer/-in wärest, *könntest du einen Liebestrank brauen.*
Wenn er/sie fliegen könnte, *schaute er sich die Welt von oben an.*
Wenn wir in die Zukunft schauen könnten, *wüssten wir, was in der nächsten Klassenarbeit drankommt.*
Wenn ihr Wünsche erfüllen könntet, *ständen die Leute bei euch Schlange.*
Wenn sie in der Zeit reisen könnten, *wüssten sie nicht nur aus dem Geschichtsunterricht etwas von vergangenen Zeiten.*

3 entführte; fändest; sprächen; ritten

4 Der Autor J. R. R. Tolkien, der „Der Herr der Ringe" verfasste, gilt als Vater des modernen Fantasy-Romans. Wenn wir uns mit ihm unterhalten würden, was würde er uns wohl erzählen? Wie würde er heutige Fantasy-Romane beurteilen, die so unterschiedlich sein können wie „Die Tribute von Panem" und die „Silber"-Reihe von Kerstin Gier? Würde er vielleicht sogar sagen, dass es schon lange vor ihm fantastische Literatur gegeben habe?

5 *Individuelle Schülerlösungen*

Seite 52

1 a) Präsensstamm: *könn-, flieg-, sei-, träum-, bau-, erfind-*

b) und **c)**

Konjunktiv I	Konjunktiv II
ich könne du fliegest er/sie/es sei wir träumen ihr bauet sie erfinden	ich könnte du flögest er/sie/es wäre wir träumten ihr bautet sie erfänden

2 a) „Das ist ganz unterschiedlich. Vieles ist einfach da. Eine große Quelle für meine Ideen sind zum Beispiel Bilder. Ich schaue mir gerne Bilder an. Oft fallen mir dann spontan kleine Geschichten dazu ein, die mit den Bildern auch manchmal gar nichts zu tun haben. Das ist nur der Auslöser. Und vieles entsteht tatsächlich aus dem richtigen Leben. Das sind kleine Dinge, die ich sehe oder erlebe. Die bringen aber auch den Stein wieder nur ins Rollen. Ich setze mich auch nicht hin und denke mir eine Geschichte von A bis Z aus. Meistens habe ich eine ungefähre Ausgangssituation und eine Vorstellung davon, worauf das Ganze hinauslaufen soll. Die Story selbst entwickelt sich beim Schreiben."

→ Text in indirekter Rede:

Auf die Frage, woher er die Ideen für seine Bücher nehme, antwortet Wolfgang Hohlbein, dass das ganz unterschiedlich sei. Vieles sei einfach da. Eine große Quelle für seine Ideen seien zum Beispiel Bilder. Er schaue sich gerne Bilder an. Oft fallen ihm dann spontan kleine Geschichten dazu ein, die mit den Bildern auch manchmal

Tabelle zu Seite 51, Aufgabe 1

	Infinitiv	1. Pers. Singular Präsens	1. Pers. Singular Präteritum	1. + 2. Pers. Singular Konjunktiv II
1	sehen	ich sehe	ich sah	ich sähe, du sähest
2	geben	ich gebe	ich gab	ich gäbe, du gäbest
3	reiten	ich reite	ich ritt	ich ritte, du rittest
4	fliegen	ich fliege	ich flog	ich flöge, du flögest
5	haben	ich habe	ich hatte	ich hätte, du hättest

gar nichts zu tun haben. Das sei nur der Auslöser. Und vieles entstehe tatsächlich aus dem richtigen Leben. Das seien kleine Dinge, die er sehe oder erlebe. Die bringen aber auch den Stein wieder nur ins Rollen. Er setze sich auch nicht hin und denke sich eine Geschichte von A bis Z aus. Meistens habe er eine ungefähre Ausgangssituation und eine Vorstellung davon, worauf das Ganze hinauslaufen solle. Die Story selbst entwickele sich beim Schreiben.

b)

Indirekte Rede mit Gebrauch des Konjunktivs I (nicht eindeutig)	Indirekte Rede mit Gebrauch des Konjunktivs II (eindeutig)
... die mit den Bildern auch manchmal gar nichts zu tun haben.	... die mit den Bildern auch manchmal gar nichts zu tun hätten.
Die bringen aber auch den Stein wieder nur ins Rollen.	Die brächten aber auch den Stein wieder nur ins Rollen.

Seite 53

Teste dich! Bildung und Verwendung von Konjunktiv I und II

1 a) und **b)**

Infinitiv	Konjunktiv II	„Brücke"	Konjunktiv I
fallen	du fieltest/fielest	ich fiel	du fallest
gleichen	ich gleichte/gliche	ich glich	ich gleiche
fangen	wir fängen/fingen	ich fing	wir fangen
trinken	sie trunken/tränken	ich trank	sie trinken
gehen	er ginge/gehe	ich ging	er gehe

2 Moritz findet Science-Fiction-Literatur gut. Er ist der Meinung, dass es nichts Spannenderes gebe. Wenn er einen guten Science-Fiction-Roman in der Hand habe, vergesse er alles um sich herum. Für ihn sei das Buch dann gut, wenn er sich in die Hauptfigur hineinversetzen könne. Er lasse sich gern von den verrückten Ideen und Wendungen in der Handlung überraschen. Das Besondere an Science-Fiction sei für ihn, dass oft besondere Geräte und Maschinen eine Rolle spielen, die es z. B. ermöglichen, durch die Zeit zu reisen.

Lisa lehnt Science-Fiction-Literatur ab. Sie findet, dass es wirklich interessantere Bücher gebe. Sie lese viel lieber Sachbücher – was da drinstehe, stimme auch wirklich. Science-Fiction sei ihr zu abgedreht, die Handlung könne sie meistens gar nicht nachvollziehen. Sie finde es auch nicht gut, dass sich ein Science-Fiction-Autor praktisch alles ausdenken könne, ohne auf den Bezug zur Wirklichkeit zu achten. Die Idee einer Zeitreise-Maschine sei doch total abwegig.

Seite 54

1 → s. Tabelle S. 17

2 Ein Satzglied ist ...
- alles, was man ins Vorfeld eines Satzes stellen kann.
- mit der Umstellprobe zu ermitteln.

Seite 55

1 a) von der indogermanischen Silbe *mo* (1) = Präpositionalobjekt; im Mittelalter (2) = Adv. Bestimmung der Zeit; dem Kampf (3) = Dativobjekt; man (4) = Subjekt; eine Gefahr oder ein Risiko (5) = Akkusativobjekt

b)
weitere Dativobjekte: den Rittern (Z. 3), jemand anderem (Z. 14–15)
weitere Akkusativobjekte: ihr Leben (Z. 4), die Gefahr (Z. 11)
Präpositionalobjekte: von der indogermanischen Silbe *mo* (Z. 1), für die Interessen (Z. 4), in Gefahr (Z. 8), in den Kombinationen *Übermut* und *Hochmut* (Z. 9–10), von *Zivilcourage* (Z. 12–13), auf sich (Z. 14)

Tabelle zu Seite 54, Aufgabe 1 a) und b)

	Vorfeld	Linke Satzklammer: finiter Prädikatsteil	Mittelfeld	Rechte Satzklammer: 2. Teil des Prädikats
A	Im Deutschen	kennen	wir viele Heldensagen.	–
B	Deren Erforschung	ist	von den Brüdern Grimm	übernommen worden.
C	Viele Sagenmotive	verließen	ihren Entstehungsort.	–
	Subjekt	Prädikat	Akkusativobjekt	
D	Sie	wurden	durch Um- und Abwandlungen im ganzen Land	bekannt.
	Subjekt	Prädikat	Adv. Best. der Art und Weise, Adv. Best. des Ortes	Prädikat

2 a) und **b)**

Adverbiale Bestimmung der Zeit (temporal) *(Seit) wann? Wie lange?*	**Adverbiale Bestimmung des Ortes (lokal)** *Wo? Wohin?*	**Adverbiale Bestimmung des Grundes (kausal)** *Warum? Weshalb?*	**Adverbiale Bestimmung der Art und Weise (modal)** *Wie?*
einmal (Z. 3), meistens (Z. 4), manchmal (Z. 5)	auf dem Schulhof (Z. 1–2), an deiner Schule (Z. 4), in deiner Stadt (Z. 4)	vor Angst (Z. 7), aus Unsicherheit (Z. 7)	richtig (Z. 2), schnell (Z. 7)

Seite 56

1 a)

Art des Attributs	Mögliche Beispiele
Adjektivattribut (3)	großem (Z. 4), größerem (Z. 7), alten (Z. 10), positiven (Z. 11)
Partizip als Attribut (1)	geplante (Z. 3)
Präpositionales Attribut (2)	an der Hartmann-Baumann-Schule (Z. 1–2), in Hockenheim (Z. 2), im Altenheim (Z. 9), mit den alten Menschen (Z. 10)
Genitivattribut (1)	(*Helden*) des Alltags (Überschrift, Z. 5–6), (*viele*) der Schülerinnen und Schüler (Z. 7–8)
Apposition (1)	einer Gesamtschule in Hockenheim (Z. 2)
Pronominalattribut (2)	meine (*Schüler*) (Z. 1), diesem (*Ausspruch*) (Z. 2–3), dieser (*Schule*) (Z. 6), diesem (*Programm*) (Z. 8), diesen (*Beruf*) (Z. 11)

b) *So könnte deine Lösung aussehen:*

Präpositionales Attribut: einer Gesamtschule in Hockenheim (Z. 2)
→ Attributsatz/Relativsatz: einer Gesamtschule, die sich in Hockenheim befindet

Partizip als Attribut: ..., dann wäre das lange geplante Projekt gleich zu Beginn ... (Z. 3–4)
→ Attributsatz/Relativsatz: ..., dann wäre das Projekt, das lange geplant worden war, gleich zu Beginn ...

c) ... wurde dennoch das Programm „Helden des Alltags“ an dieser Schule ins Leben gerufen, das die Schüler/-innen zu größerem Leistungs- und Selbstbewusstsein anspornen will.
... nehmen an diesem Programm teil, welches zum Beispiel einen Einsatz im Altenheim vorsieht.
... erleben aber auch die positiven Aspekte, die diesen Beruf auszeichnen.

2 Der körperlich anstrengende Beruf des Altenpflegers wird den Schülerinnen und Schülern so nahegebracht.

Seite 57

1 a)–d)

Adverbiale Bestimmung	Beispiel aus dem Text
Temporal (Zeit) *(Seit) wann?* *Wie lange?*	heute (Z. 1), meist (Z. 3), oftmals (Z. 4), in 1 ½ Minuten (Z. 12)
Lokal (Ort) *Wo? Wohin?*	im Kino (Z. 9), im Fernsehen (Z. 9), fast 100 Meter weit (Z. 12)
Kausal (Grund) *Warum? Weshalb?*	wegen dieser Superkräfte (Z. 12–13) → Da er Superkräfte zu haben scheint, wird er von einigen als stärkster Mann der Welt bezeichnet.
Konsekutiv (Folge) *Mit welcher Folge?*	dass wir uns einen solchen Superhelden an unserer Seite wünschen (→ c): Konsekutivsatz, Z. 5–6)
Final (Absicht, Zweck) *Wozu? Zu welchem Zweck?*	zu unserer Unterstützung und Hilfe (Z. 6–7) → Damit sie uns unterstützen und helfen, könnten wir sie gut gebrauchen.
Modal (Art und Weise) *Wie?*	mit all seiner Kraft (Z. 12)
Konzessiv (Einräumung) *Trotz welchen Umstandes?*	trotz dieses berechtigten Wunsches (Z. 8) → Obwohl dieser Wunsch berechtigt ist, gibt es solche Superhelden nur im Kino oder im Fernsehen.

Seite 58

1 A: Subjektsatz; B: Subjektsatz; C: Objektsatz; D: Subjektsatz

2 **B** Ich konnte nicht verstehen, dass die Leute weitergehen. (Objektsatz)
→ Das Weitergehen der Leute konnte ich nicht verstehen.

C Dass mir Hilfe verweigert wurde, hat mich hart getroffen. (Subjektsatz)
→ Das Verweigern/die Verweigerung von Hilfe hat mich hart getroffen.

3 **B** Es ist offensichtlich, dass Zivilcourage im täglichen Leben notwendig ist.

C Die Polizei betont, dass Zivilcourage und Hilfsbereitschaft wichtig sind.

Seite 59

Teste dich! Den Satzbau wiederholen

1 a) und **b)**

Satzklammer

Vorfeld	finiter Prädikatsteil	Mittelfeld	zweiter Teil des Prädikats
Mut	steht	am Anfang des Handelns.	–
Übermut	tut	selten	gut.
Hochmut	kommt	vor dem Fall.	–
Den toten Löwen	kann	jeder Hase an der Mähne	zupfen.

c) Hochmut kommt vor dem Fall. (3)
Den toten Löwen kann jeder Hase an der Mähne zupfen. (2)
Satzglied-Reihenfolge 1 nicht vorhanden.

2 **A** Viele der Superhelden, die wir bis heute verehren, haben auch einen wunden Punkt: Attributsatz/Relativsatz

B Als Zuschauer oder Leser müssen wir dann miterleben, dass unser Held verletzt wird oder sogar stirbt: Objektsatz

C Bei Siegfried beispielsweise fiel ein Blatt vom Baum, während er im Drachenblut badete: Temporalsatz

D Es landete auf seinem Rücken, sodass er an dieser Stelle verwundbar war: Konsekutivsatz

E Wenn ihn dort z. B. ein Speer treffen würde, war er verwundbar wie jeder andere: Konditionalsatz

F Dass sein Erzfeind Hagen von der verwundbaren Stelle wusste, wurde Siegfried zum Verhängnis: Subjektsatz

Seite 60

1 Vorschulkinder wollten Jaguar kaufen
Zwei Fünfjärige in Rußland sind durch einen selbst gegrabenen Tunel aus ihrem kindergarten ausgebüchst – und haben anschliesend versucht, einen Jaguar zu kaufen. Die Beiden jungen hätten merere Tage lang mit Sandschaufeln einen kleinen Tunel aus ihrem kindergarten in Magnitogorsk im Ural gegraben und seien dann angeblich ausgebüchst, berichtet die Tageszeitung Komsomolskaja Prawda. Danach seien die jungen zwei Kilometer biss zu einem Luxusautohendler marschirt, wo sie sich einen Jaguar kaufen wollten. Einer Pasantin kamen demnach Zweivel, als sie die Beiden Kinder bei dem Autohendler sah. Sie habe die Außreiser sofort zur Polizei gebracht, die inzwischen von der Kindergartenleiterin über das fehlen der Kinder informiert worden wahr. Die Erzieerin der jungen hatte offenbahr nicht gemerckt, das ihre Schuzzbefohlenen fehlten, zitierte die Zeitung Kolegen der Kindergärtnerin. Nach Angaben der Örtlichen behörden wurde die Frau endlassen.

Groß- und Kleinschreibung	Wortschreibung	
(aus ihrem) Kindergarten	Russland (Rus-sen)	Zweifel
die beiden Jungen	Fünfjährige	Ausreißer
die beiden Jungen	Tunnel	war
die beiden Kinder	ausgebüxt	Erzieherin
der Jungen	anschließend	offenbar
das Fehlen	mehrere	gemerkt
der örtlichen Behörden	bis	Schutz
	Autohändler	dass
	marschiert	Kollegen
	Passantin	entlassen

Seite 61

2 Dehnungs-h: Ruhm, Aufruhr, johlen, Sahne, Lehm, Lehne, Mahlzeit, Höhle, Fohlen, Sehne, Nadelöhr, Mähne, bezahlen, zähmen, Kahn

Kein Dehnungs-h: froren, dämlich, gebären, Krümel, Drama, Creme, bequem, gehören, Krone, Qualen, spülen, verpönt, Schnüre, spüren, Träne

3 *So könnte deine Lösung aussehen:*
gerissen: Riss, reißen, Reißverschluss, Reißleine, Verriss, entrissen, entreißen
schließen: Schließfach, geschlossen, Schloss, entschließen, Entschluss, beschließen, Beschluss, verschlossen
das Maß: maßvoll, messen, angemessen, abmessen, Maßkrug, maßlos, Messbecher, Ausmaß

4 knicksen – mixen – Nixen | Wachs – Klacks – Lachs | Achseln – kraxeln – wachsen

Seite 62

1 *So könnte deine Lösung aussehen:*
(1) Heutzutage leben (gesunde) Alte immer länger.
(2) Warum mauern (einige) Unbekannte immer wieder (eine) Tür von (der) S-Bahn zu?
(3) (Eine absolute) Sensation – (junge) Astronomen entdecken (einen) neuen Planeten.
(4) Erneut (große) Angst vor (einer neuen) Grippewelle
(5) Schwindet (das gute) Ansehen von (internationalen) Banken?
(6) Häufig sorgen (engagierte) Freiwillige für (neu ankommende) Flüchtlinge.
(7) Wurden (wichtige) Zeugen mit (finsterem) Drohen zum (endgültigen) Schweigen gebracht?
(8) (Großer) Klärungsbedarf bei (dem) Für und (dem) Wider von (der neuen) Schnellstraße
(9) (Bei der anstehenden) Wahl: Strafen (die) Wähler (die) Etablierten ab?
(10) Abermals wurden (die) Strafen zur (zu einer) Bewährung von (dem) Gericht verhängt.

2 *So könnte deine Lösung aussehen:*
Im Museum haben wir viel Interessantes über die Römer erfahren.
Ich habe Hunger, aber nicht genügend Essbares dabei.
Ich kann mich an nichts Bemerkenswertes erinnern.

Seite 63

3 Bibermanager gesucht
brandenburg will befristet zwei bibermanager einstellen. sie sollen sich vor allem um das vermeiden und beseitigen von schäden kümmern, die die unter schutz stehenden tiere anrichten. die stellen seien im internet ausgeschrieben, sagte der abteilungsleiter für wasser- und bodenschutz im agrarministerium, kurt augustin. in brandenburg leben mittlerweile gut 3000 biber, ein drittel des gesamtbestandes in deutschland. vor einem vierteljahrhundert waren sie noch vom aussterben bedroht. seit 1. mai gilt in brandenburg eine verordnung, die in ausnahmefällen das abschießen von bibern erlaubt. aber bevor es zum äußersten kommt, sollen tiere, die schäden verursachen, eingefangen und umgesiedelt werden. biber machen sich immer wieder an deichen und dämmen zu schaffen. ihre bauten stauen mancherorts gewässer, sodass dort keller und felder unter wasser stehen. die frist für die einsendung der bewerbungsunterlagen läuft bis 5. juni. die neuen biberbeauftragten sollen bis zum 1. juli ihre arbeit aufnehmen. zunächst sind die stellen auf ein jahr befristet, mit aussicht auf verlängerung um ein weiteres jahr. aus dem landeshaushalt werden 90 000 euro pro jahr bereitgestellt.

4 In Brandenburg leben mittlerweile gut 3 000 Biber, ein Drittel des Gesamtbestandes in Deutschland. Vor einem Vierteljahrhundert waren sie noch vom Aussterben bedroht. Seit 1. Mai gilt in Brandenburg eine Verordnung, die in Ausnahmefällen das Abschießen von Bibern erlaubt. Aber bevor es zum Äußersten kommt, sollen Tiere, die Schäden verursachen, eingefangen und umgesiedelt werden.

5 Mit der Zeitungsbotin unterwegs
Unsere Zeitungsbotin hat zwei Jobs. Sie trägt nachts oder sehr früh morgens die Zeitungen aus. Wenn die Zeitungen noch am Abend aus der Druckerei kommen, kann sie ihre Runde schon vor Mitternacht beginnen. Das ist häufig samstags der Fall, sodass die Zeitungsbotin am Sonntagmorgen ausschlafen kann. Von Montag bis Freitag steht sie um drei Uhr in der Frühe auf. Wenn sie heimkommt, weckt sie die Kinder und macht das Frühstück. Den Vormittag über arbeitet sie in einem Supermarkt. In der Regel hat sie samstags vormittags frei. Wenn die Kinder wochentags mittags oder am Nachmittag aus der Schule kommen, ist sie zu Hause. Die Müdigkeit überkommt sie meistens schon früh am Abend, sodass sie mit den Kindern ins Bett geht. So ist sie für ihre Runde am frühen Morgen wenigstens einigermaßen ausgeschlafen.

Seite 64

1 **a)** und **b)**

Radfahrerin stürzte, als Hund sie ansprang

Eine vierzehnjährige Schülerin stürzte am Mittwochmorgen gegen acht Uhr im Park an der Mühlenstraße, als ein Hund, der nicht angeleint war, sie laut bellend ansprang. Bei ihrem Sturz verletzte sie sich am Knie. Die Hundehalterin entfernte sich ohne Angabe ihrer Personalien vom Unfallort.

c) Radfahrerin, vierzehnjährig, Mittwochmorgen, Mühlenstraße, Hundehalterin, Unfallort

2 *So könnte deine Lösung aussehen:* → s. Tabelle unten

Seite 65

1 Ich folgere Schluss. (falsch → richtig: ich schlussfolgere → schlussfolgern: zusammen)

Ich laufe Schlittschuh. (richtig → Schlittschuh laufen: getrennt)

Ich marke Brand. (falsch → richtig: ich brandmarke → brandmarken: zusammen)

Ich wandele Schlaf. (falsch → richtig: ich schlafwandele → schlafwandeln: zusammen)

Ich regele Maß. (falsch → richtig: ich maßregele → maßregeln: zusammen)

2 **Stimmt's?**

A Viele möchten Wasser sparen, weil sie dadurch die Umwelt schützen wollen. Allerdings ist das Wassersparen in Mitteleuropa, wo genug Trinkwasser vorhanden ist, gar nicht notwendig.

B Die meisten Menschen haben beim Schlangestehen an der Supermarktkasse das Gefühl, dass es an den anderen Kassen immer schneller vorangeht und sie deshalb an der falschen Kasse Schlange stehen. Tatsächlich geht es an manchen Schlangen schneller und an anderen langsamer vorwärts. Das ist aber Zufall.

C Es heißt immer, dass man Fahrradfahren nicht verlernen kann. Untersuchungen zeigen, dass man auch nach vielen Jahren Unterbrechung durchaus noch Fahrrad fahren kann, aber beispielsweise nicht mehr alle Tanzschritte, die man einmal gelernt hat.

D Einige behaupten, dass Kühe mehr Milch geben, wenn sie angenehme Musik hören. Und tatsächlich ist es einer Versuchsanstalt in Schleswig-Holstein gelungen, den Milchertrag von Kühen durch das Musikhören und andere Annehmlichkeiten für die Kühe zu steigern.

Seite 66

3 **B** Ich würde gerne an der Theater-AG teilnehmen. Ich hoffe, du nimmst auch teil.

C Wir gehen heute eislaufen. Ich laufe im Winter lieber eis als Ski.

D Es ist schon spät. Lass uns heimgehen. Meine Eltern gehen jetzt auch heim.

E Streunende Katzen müssen einem nicht leidtun, wenn sie genügend Futter haben. Aber Katzen, die die Wohnung nicht verlassen dürfen, tun mir leid.

So könnte deine Lösung aussehen:

F Du kannst mich mit deinen Ablenkungsmanövern nicht irreführen.
Seine gut gemeinten Tipps helfen mir nicht, sondern führen mich eher irre.

G Ein Geheimnis sollte man nicht preisgeben.
Viele Menschen geben im Internet zu viel von sich preis.

H Wann findet die Theater-AG statt?
Sie soll donnerstags um 15 Uhr stattfinden.

4 *Individuelle Schülerlösungen*

Seite 67

1 *Beispiele für Verbindungen aus Präposition und Verb:*
ablaufen, abfahren, abspielen, abtreten, abhalten, abhandeln, abstehen, abgehen, abfragen, abfordern, abwerfen, absprechen; anlaufen, anfahren, anspielen, antreten, anstehen, angehen, anfragen, anfordern, anwerfen, ansprechen; aufkaufen, auffahren, aufspielen, auftreten, aufhalten, aufstehen, aufgehen, auffordern, aufwerfen; auslaufen, ausfahren, ausspielen, austreten, aushalten, aushandeln, ausstehen, ausgehen, ausfragen, auswerfen, aussprechen; beitreten, beistehen; einlaufen, einfahren, einspielen, eintreten, einhalten, einhandeln, einstehen, eingehen, einfordern, einwerfen; entgegenlaufen, entgegenfahren, entgegentreten, entgegenhalten, entgegenhandeln, entgegenstehen, entgegenwerfen; gegenübertreten, gegenüberstehen; hintergehen, hinterfragen; mitlaufen, mitfahren, mitspielen, mithalten, mitgehen; nachlaufen, nachfahren, nachspielen, nachtreten, nachstehen, nachgehen, nachfragen, nachfordern, nachwerfen, nachsprechen; vorlaufen, vorfahren, vorspielen, vortreten, vorhalten, vorstehen, vorgehen, vorwerfen, vorsprechen; widerfahren, widerstehen, widersprechen; zuwiderhandeln

Tabelle zu Seite 64, Aufgabe 2

Nomen + Nomen	Adjektiv + Nomen	Nomen + Adjektiv	Adjektiv + Adjektiv	Verb + Nomen
Papiertüte	Schwermut	mondsüchtig	tiefblau	Laufstrecke
Zimmertür	Leichtgewicht	pfeilschnell	hellgrün	Stricknadel
Fahrradweg	Altlast	glasklar	feinsinnig	Lachnummer
Taschentuch	Neuerscheinung	herzensgut	neumodisch	Lesehilfe

2 *So könnte deine Lösung aussehen:*
Gesetzen darf man nicht zuwiderhandeln. Er handelte dem Gesetz zuwider.

Wir müssen das Feuer austreten. Wer tritt das Feuer aus?

Gleich wird die Mannschaft einlaufen. Die Athleten laufen ins Stadion ein.

Wir wollen einen fairen Kompromiss aushandeln. Wir handeln einen Kompromiss aus.

3 → s. Tabelle unten

Seite 68

1 *So könnte deine Lösung aussehen:*
Hoffentlich wird bei unserer Verabredung nichts dazwischenkommen. Hoffentlich kommt nichts dazwischen.

Wir sind an der gesuchten Adresse vorbeigelaufen. Lauf nicht wieder vorbei!

Ich muss endlich mit meinem Referat vorankommen. Leider komme ich nicht gut voran.

Ich würde gerne eine Widmung in das Buch hineinschreiben. Schreibst du auch etwas hinein?

2 a) bis **c)**

A Zwei Flüssigkeiten sind zusámmengelaufen. (= haben sich vermischt)
→ Zwei Flüssigkeiten sind zusammengelaufen.

B Wir sind beim Training zusámmen geláufen. (= gemeinsam gelaufen)
→ Wir sind beim Training zusammen gelaufen.

C Ich hatte bei der Theaterprobe nichts zu tun und habe nur dabéigestanden. (= war stehend anwesend)
→ Ich hatte bei der Theaterprobe nichts zu tun und habe nur dabeigestanden.

D Da es bei der Probe keine Stühle gab, habe ich dábei gestánden. (= bei der Probe gestanden und nicht gesessen)
→ Da es bei der Probe keine Stühle gab, habe ich dabei gestanden.

E Für den Schaden musst du gerádestehen. (= aufkommen)
→ Für den Schaden musst du geradestehen.

F Wir sollen beim Gedichtvortrag geráde stéhen. (= nicht krumm stehen)
→ Wir sollen beim Gedichtvortrag gerade stehen.

Seite 69

1 B Er wird den Zaubertrick so schlécht máchen, dass alle ihn durchschauen. (= nicht gut machen)

C Der Richter will die Angeklagten fréisprechen. (= nicht verurteilen)

D Beim nächsten Referat werde ich fréi spréchen. (= nicht ablesen, ohne Notizen vortragen)

E Meine Oma möchte mir 100 Euro gútschreiben. (= auf mein Konto überweisen)

F Wenn ich eine Arbeit gút schréibe, bekomme ich manchmal eine Belohnung. (= eine Eins oder Zwei schreiben)

G Der Termin für den Wandertag sollte bald féststehen. (= klar sein)

H Die Leiter muss fést stéhen. (= stehen, ohne zu wackeln)

I Wir können im Moment kein Geld lóckermachen. (= ausgeben, zur Verfügung stellen)

J Die Hausaufgaben kann ich lócker máchen, bevor ich ins Kino gehe. (= leicht, ohne Probleme machen)

K Wenn du hartes Brot isst, muss du schon fést béißen. (= kräftig beißen)

L Bei Matheaufgaben kann ich mich manchmal ziemlich féstbeißen. (= hineinvertiefen, nicht mehr davon wegkommen)

2 *So könnte deine Lösung aussehen:*
Der Abschied von unserem Sommerhaus wird mir schwérfallen./Er ließ sich so schwér fállen, dass die Bank zerbrach.

Es wird teuer, wenn du schwárzfährst./Die Heizer in den Dampfloks bekamen viel Ruß und Kohlestaub ab und mussten praktisch schwárz fáhren.

Musst du deine Unterschrift so kléin schréiben, dass man sie kaum erkennen kann?/Substantive darf man nicht kléinschreiben.

Tabelle zu Seite 67, Aufgabe 3

Probe				Verbindung	
Infinitiv	**Partizip II**	**Nebensatz**	**Hauptsatz**	**fest**	**unfest**
ablaufen	abgelaufen	…, weil das Wasser nicht abläuft.	Das Wasser läuft nicht ab.		x
untergehen	untergegangen	…, als das Schiff unterging.	Das Schiff ging unter.		x
untersuchen	untersucht	…, nachdem sie untersucht worden war.	Sie wurde untersucht.	x	
durchfahren	durchgefahren	…, als sie durchgefahren sind.	Sie fahren nur durch.		x
durchqueren	durchquert	…, weil er die Wüste durchquerte.	Er durchquerte die Wüste.	x	

Seite 70

1 Freunde sollten immer füreinander da sein. So bin ich zum Beispiel für meine Freunde da gewesen, als ihr Hund krank war. Jeder, der eine solche Situation schon einmal erlebt hat, weiß, dass man dann nicht gerne allein sein möchte. Schon das Zusammensein spendet Trost, auch wenn man in einer solchen Situation nicht viel sagen kann.

2 *So könnte deine Lösung aussehen:*

Wortgruppe im Infinitiv	Wortgruppe im Perfekt	Nominalisierung der Wortgruppe
Die Familie kann nicht immer **zusammen sein**.	In den Ferien sind wir aber den ganzen Tag **zusammen gewesen**.	**Das Zusammensein** ist manchmal auch anstrengend.
Ich muss kurz weg, werde aber gegen 18 Uhr wieder **hier sein**.	Ich glaube, ich bin noch nie **hier gewesen**.	Spricht man vom **Hiersein** oder Dasein auf der Erde?
Manchmal möchte ich **allein sein**.	In den letzten Tagen bin ich kaum **allein gewesen**.	Ältere Menschen klagen oft übers **Alleinsein**.

1 **A** Das früher häufig verordnete lange Stillsitzen am Tisch fiel vielen Kindern schwer: Betonungsprobe, Artikelprobe
B So mancher Zappelphilipp musste sich dabei extrem zusammennehmen: Betonungsprobe, Bedeutungsprobe
C Aber auch vielen ruhigeren Kindern ist das häufig schwergefallen: Betonungsprobe, Bedeutungsprobe
D Sie trauten sich nicht, hätten aber am liebsten laut wehgeklagt: Umstellprobe
E In vornehmeren Haushalten musste während des Essens die gesamte Zeit das Dienstmädchen oder der Butler der Familie dabei sein: Regeln anwenden: Verbindungen mit *sein*
F Aus einzelnen Berichten kann man jedoch nicht schlussfolgern, dass es in allen Familien so streng zuging: Umstellprobe

Seite 71

Teste dich! Getrennt- und Zusammenschreibung

Die Eltern meiner Freundin sind sehr streng. Beim Mittagessen neulich mussten wir unseren Teller leer essen [laut Duden auch: leeressen], still sein und die Eltern fragen, ob wir aufstehen dürfen. Ich muss sagen, dass mir das ziemlich schwergefallen ist. Das lange Stillsitzen konnte ich kaum aushalten, am liebsten wollte ich davonlaufen! Das Pünktlichsein ist den Eltern meiner Freundin auch sehr wichtig. Manchmal kann meine Freundin dem Druck von Zuhause kaum noch standhalten und würde am liebsten fortgehen. Sie fragt mich dann: „Warum können meine Eltern nicht einfach mal auf mich stolz sein?"
Hinzu kommt leider, dass meine Freundin Probleme in der Schule hat. Wenn sie die nächste Mathearbeit wieder nicht gut schreibt, wird sie die Klasse wiederholen müssen. Sie versucht, es sich nicht anmerken zu lassen, aber ich merke trotzdem, dass sie Angst hat. Sollte sie sich für die Mathearbeit vielleicht von einem Arzt krankschreiben lassen? Sie kann einem wirklich leidtun. Ich werde meine Freundin aber nicht hängen lassen, sondern versuche, sie abzulenken. Im Sommer klappt das am besten, wenn wir draußen Rad fahren, schwimmen gehen oder in unserem Lieblingscafé Eis essen. Im Winter gehen wir zwar häufig eislaufen, aber das mögen wir beide nicht so gerne. Das Leben könnte so einfach sein – ohne allzu strenge Eltern, ohne Schule …

Seite 72

1 Linke Spalte: Theater, Bibliothek, These, Thron, Theorie
Rechte Spalte: Thermosflasche, Apotheke, Sympathie, Antipathie, Theologie

2 **Latein:** permanent, das Suffix, das Präfix, das Attribut, das Territorium, inklusiv, dividieren, liberal, präsentieren

Englisch: das Foul, die Fairness, die Mail, der Job, das Internet, cool, der Beachvolleyball, der Input, der Entertainer, das Fast Food, der Clown

Französisch: der Charme, die Chance, der Chef, das Orange, der Aperitif, die Béchamelsoße, der Friseur, die Creme, chic

3 *So könnte deine Lösung aussehen:*
System: systematisieren, systemisch, systematisch, unsystematisch, Systemfehler, Systemfrage, Navigationssystem

Friseur: frisieren, Friseurin, Friseuse, Frisur, unfrisiert, frisiert, Friseursalon, Frisierkommode, Frisierumhang

Export: exportieren, Exporteur, Exportwirtschaft, Exportweltmeister, Exporthandel, Exportbeschränkungen, Exportverbot

sozial: Sozialwissenschaften, unsozial, asozial, sozialisieren, Sozialisation, Sozialarbeiter, Sozialminister, Sozialismus, sozialistisch, Sozialgesetzgebung

legal: illegal, Legalität, Illegalität, legalisieren, Legalisierung, Legalitätsprinzip

produzieren: Produktion, produktiv, unproduktiv, reproduzieren, Reproduktion, Produkt, Produktgestaltung, Produzent

Seite 73

1 **A** Zur Schule fahre ich entweder mit der Straßenbahn oder mit dem Rad.
B Meine Schwester mag weder Gemüse noch Reis oder Kartoffeln, sondern nur Nudeln.
C Wir schenken Karl zum Geburtstag ein ganz neues, gerade auf den Markt gekommenes (,) spannendes Computerspiel.
D Ich mag gerne frische grüne Gurken, aber auch eingemachte saure Gurken schmecken mir.
E Auf der Hannover-Messe werden die neuesten technischen Entwicklungen gezeigt.
F Am 1. Januar wünscht man sich ein gutes neues Jahr.
G An unserer Schule werden sowohl Englisch als auch Latein, Französisch sowie Spanisch angeboten.

2 *So könnte deine Lösung aussehen:*

B Dafür muss ich noch den ganzen Vormittag üben, insbesondere/besonders die „irregular verbs".

C Max und Attila haben sich in der Pause gestritten, und zwar ziemlich heftig.

D Wir haben dieses Jahr nur zwei AG-Angebote, nämlich Volleyball und Schach.

E Meine Familie macht gerne Radtouren an Flüssen entlang, zum Beispiel an der Weser oder der Mosel.

3 A Wir lesen im Deutschunterricht „Kleider machen Leute", eine Novelle von Gottfried Keller, und einen Jugendroman. (Unterbrechung: blau → zwei Lektüren werden gelesen)
Wir lesen im Deutschunterricht „Kleider machen Leute", eine Novelle von Gottfried Keller und einen Jugendroman. (Aufzählung: rot → drei Lektüren werden gelesen)

B Das Taxi, ein heller Mercedes, und ein schwarzer Golf stießen an der Kreuzung zusammen. (Unterbrechung: blau → zwei Autos stoßen zusammen)
Das Taxi, ein heller Mercedes und ein schwarzer Golf stießen an der Kreuzung zusammen. (Aufzählung: rot → drei Autos stoßen zusammen)

Seite 74

1 a) und **b)**
fette Markierung = Hauptsatz, Unterstreichung = Nebensatz

Chase Dellwo besiegt Grizzly mit Großmuttertrick
(1) **Die Attacke eines Grizzlybären ist für einen Mann,** der aus dem US-Staat Montana stammt, **relativ glimpflich ausgegangen, denn er erinnerte sich an einen Ratschlag seiner Großmutter.** (2) **Die Zeitung „Great Falls Tribune" berichtete,** dass Chase Dellwo, der von dem Bären angegriffen wurde, dem Tier seinen Arm in den Rachen stieß, woraufhin es tatsächlich von ihm abließ. (3) **Der 26-jährige Bogenschütze machte am vergangenen Samstag mit seinem Bruder einen Jagdausflug und fand sich unvermittelt mit einem 180 kg schweren Grizzlybären konfrontiert.** (4) **Dellwo war zuvor an einem Bach entlanggelaufen,** um eine Herde Elche auf einen Bergkamm zu treiben, auf dem sein Bruder wartete. (5) Dass er dabei einem Grizzlybären gefährlich nahe kam, **bemerkte er allerdings erst,** als das Tier nur noch einen Meter von ihm entfernt war. (6) **Dellwo sagte,** dass der Bär geschlafen habe, weshalb dieser ihn nicht habe kommen sehen. (7) **Dann wachte der Grizzly plötzlich auf und Dellwo konnte nur wenige Schritte zurückgehen.** (8) **Der Bär zog ihm die Beine weg und biss ihm in den Kopf.** (9) **„Er ließ dann ab, aber war immer noch über mir und ließ dann ein unglaublich lautes Brüllen los", berichtete Dellwo.** (10) Als der Bär erneut zugebissen und ihn durch die Luft gewirbelt hatte, **hatte Dellwo einen Geistesblitz,** bevor der Bär wieder auf ihn losging. (11) **Er erinnerte sich an einen Artikel,** den seine Großmutter ihm vor langer Zeit gegeben hatte und worin es hieß, dass große Tiere schlechte Würgereflexe hätten. (12) **„Also rammte ich meinen rechten Arm in seinen Rachen und das zeigte Wirkung, denn der Bär machte sich tatsächlich davon."** (13) **Dellwo fand seinen Bruder,** der ihn ins Krankenhaus brachte. (14) **Dort wurden seine Wunden am Kopf und im Gesicht mit Heftklammern genäht, ein geschwollenes Auge und tiefe Wunden am Bein trug er außerdem davon.**

c) (5) Nebensatz, Hauptsatz, Nebensatz
(11) Hauptsatz, Nebensatz und Nebensatz, Nebensatz
(13) Hauptsatz, Nebensatz

Seite 75

1 Auf einmal ist alles anders (Ben Kuipers)
„Hoefnagels, gerade stehen!" Martjes Schultern schieben sich tatsächlich etwas zurück. Das sieht Frits. „So!", ruft Tarzan. „Heute will ich euch an den Ringen sausen sehen." Frits seufzt. Letztes Jahr, mit dem alten Herrn Rovers, war Turnen leicht zu schaffen. Doch mit diesem fanatischen Tarzan ist es einfach schrecklich. „Probleme, Kamerling?", erkundigt sich Tarzan. „Bist du jetzt schon so müde, Junge, dass du gleich stöhnen musst?" Frits hat gar nicht gemerkt, dass er so laut geseufzt hat. „Gerade für dich, Kamerling, sind körperliche Betätigungen von großer Bedeutung. Wirklich, es ist schön, dass du in allen Fächern so gute Noten hast, aber ein gesunder Geist gehört in einen gesunden Körper. Das haben schon die alten Römer gesagt. Gut, gehen wir heute also an die Ringe …" Frits meldet sich. „Was ist denn schon wieder, Kamerling?" „Sie haben das Zitat falsch verwendet. Es ist ein Satz des Dichters Juvenal, und er meinte damit nicht, dass die Leute mehr Sport treiben sollten. Im Gegenteil, es war eine Warnung vor zu viel Sport. Ein gesunder Körper sei gut, aber man sollte nicht vergessen, dass in den gesunden Körper ein gesunder Geist gehöre. „Red keinen Quatsch, Kamerling", schnauzt Tarzan. – „Also an die Ringe. Und …" „Ich rede keinen Quatsch", sagt Frits böse. „Es gibt sehr viele Sprüche, die ständig falsch zitiert werden: Ihr Sinn wird in das Gegenteil verkehrt. Letzte Woche habe ich zufällig ein Buch darüber gelesen. Da kommt man aus dem Staunen nicht mehr raus. Wissen Sie, was auch immer falsch verwendet wird? East is east and west is west." „He, den Spruch kenne ich", sagt Hein. „Das heißt, dass die Menschen aus dem Osten und die aus dem Westen so verschieden sind, dass sie einander nie verstehen können." „Eben nicht!", ruft Frits. „Jetzt reicht's aber!", brüllt Tarzan. „Nein?", fragt Hein erstaunt. „Bist scharf auf Schwierigkeiten, Hein?", fragt Tarzan drohend. Hein ist für ihn einer der wenigen Vornamen in der Klasse. Hein ist ein Sportass. „Bestimmt nicht", sagt Hein, „ich habe wirklich schon genug Probleme. Aber ich finde es doch sehr interessant, was Frits da sagt." „East is east and west is west", erklärte Frits, „ist ein Satz des englischen Schriftstellers Kipling." Tarzan stößt einen schnaubenden Ton aus. „Er meinte damit, dass die Erdteile weit voneinander entfernt sind und sich nie berühren werden. Doch die Menschen könnten das. Menschen können zueinander kommen." „Verdammt", sagt Hein, „das ist tatsächlich das Gegenteil." Tarzan brüllt ohrenbetäubend: „Jetzt ist aber Schluss! Jetzt sind alle still!"

Seite 76

1 B Christophs Mutter hat angeboten (,) mich nach der Theatervorstellung mit dem Auto nach Hause zu bringen.

C Vergiss nicht (,) die Tür abzuschließen, wenn du gehst.

D Mein kleiner Bruder weigerte sich gestern (,) den Müll rauszubringen.

E Hilf mir bitte (,) die Einkaufstaschen ins Haus zu tragen (,) und schließ anschließend den Wagen ab.

F Wir haben uns vorgenommen (,) im Sommer in die Berge zu fahren.

2 A Frau L. hatte gerade begonnen, die Aufgabe zu erklären, als es klingelte.

B Herr K. bat, die Hausaufgabe sehr sorgfältig zu machen.

C Ich habe mir zwar vorgenommen, aufzupassen, aber es ist mir nicht gelungen.

3 a) und **b)**

B Ich will versuchen, dir zu helfen. (K)

C Mein Großvater zieht sich mittags immer zurück, um ein Nickerchen zu machen. (M)

D Wir versprachen einander, immer ehrlich zu sein. (K)

E Meine Mutter bat mich, schnell nach Hause zu kommen. (K)

F Anstatt in den Bergen zu wandern, würde ich eine Radtour vorziehen. (M)

G Es gibt nichts Schöneres, als am Wochenende auszuschlafen! (M)

Seite 77

1 Theo Boone und der unsichtbare Zeuge (John Grisham)
Theodore Boone war Einzelkind und frühstückte deswegen meist allein. Sein Vater, ein viel beschäftigter Anwalt, ging früh aus dem Haus, weil er sich jeden Morgen um sieben in einem Diner in der Innenstadt mit Freunden traf, um einen Kaffee zu trinken und den neuesten Tratsch zu erfahren. Theos Mutter, selbst eine viel beschäftigte Anwältin, wollte seit zehn Jahren zehn Pfund abnehmen und hatte deswegen beschlossen, dass Kaffee und die Zeitung zum Frühstück reichten. Also saß Theo allein am Küchentisch, aß seine Cornflakes mit kalter Milch und trank seinen Orangensaft, ohne dabei die Uhr aus den Augen zu lassen. Bei den Boones gab es überall Uhren, wie es sich für eine gut organisierte Familie gehörte. [...] Theo [...] schnallte sich schwungvoll seinen Rucksack auf den Rücken, kraulte Judge am Kopf und verabschiedete sich. Dann lief er durch die Küchentür nach draußen, schwang sich aufs Rad und flitzte durch die Mallard Lane, eine schmale Straße mit vielen Bäumen im ältesten Teil der Stadt. Er winkte Mr. Nunnery zu, der es sich bereits auf der Veranda gemütlich machte, von wo aus er den lieben langen Tag das bisschen Verkehr beobachtete, das sich ins Viertel verirrte. An Mrs. Goodloe, die am Straßenrand stand, sauste Theo wortlos vorbei, weil sie so gut wie taub war und auch so nicht mehr viel mitbekam. Dafür warf er ihr ein Lächeln zu, das sie jedoch nicht erwiderte, weil ihr Gebiss irgendwo im Haus lag. Der Frühling hatte gerade erst begonnen und die Luft war klar und kühl. Theo trat so kräftig in die Pedale, dass der Wind in seinem Gesicht brannte. Um 8:40 Uhr musste er im Klassenzimmer sein und er hatte vor der Schule noch wichtige Dinge zu erledigen.

2 a) und **b)**
fette Markierung = Hauptsatz, Unterstreichung = Nebensatz

B **Er winkte Mr. Nunnery zu,** der es sich bereits auf der Veranda gemütlich machte, von wo aus er den lieben langen Tag das bisschen Verkehr beobachtete, das sich ins Viertel verirrte.
Satzbild: Hauptsatz, Nebensatz, Nebensatz, Nebensatz.

C **An Mrs. Goodloe,** die am Straßenrand stand, **sauste Theo wortlos vorbei**, weil sie so gut wie taub war und auch so nicht mehr viel mitbekam.
Satzbild: Hauptsatz (1. Teil), Nebensatz, Hauptsatz (2. Teil), Nebensatz.

D **Dafür warf er ihr ein Lächeln zu,** das sie jedoch nicht erwiderte, weil ihr Gebiss irgendwo im Haus lag.
Satzbild: Hauptsatz, Nebensatz, Nebensatz.

Seite 78

1 A Das Oberlandesgericht von Nordrhein-Westfalen, das in Düsseldorf ansässig ist, hat entschieden, dass ein Kind höchstens fünf Vornamen haben darf.

B Kaiser Wilhelm I. verfügte, dass Überquerungen mit der Fähre über den Nord-Ostsee-Kanal kostenlos seien. Damit wollte er das Volk, das sich über die ins Leere führenden Straßen empörte, besänftigen. Die Regelung ist immer noch in Kraft.

C Dass es auf der Welt viele verschiedene Sprachen gibt, ist selbstverständlich. Dass sich aber auch die Gebärdensprachen für Gehörlose in den Ländern der Welt unterscheiden, ist erstaunlich. Das führt z. B. dazu, dass britische und amerikanische Gebärdensprachler sich kaum verstehen.

D Es hört sich zwar an wie ein Aprilscherz, aber es ist wahr, dass in den 1970er-Jahren ein norwegischer Nationalspieler ein Länderspiel absagen musste, weil er mit einem Elch zusammengestoßen war.

E Im Jahre 1562 lieh die Kleinstadt Mittenwalde dem armen Berlin, das damals noch klein und unbedeutend war, 400 Gulden. Dieser Schuldschein wurde vor einiger Zeit entdeckt. Der Bürgermeister von Mittenwalde erklärte aber, dass er das Geld nicht zurückfordern werde.

F Das deutsche Autobahnnetz, das mit über 12 700 km das drittlängste der Welt ist, ist zwar gut ausgebaut, hat aber den Nachteil, dass man durch die vielen Baustellen häufig im Stau steht.

G Wissenschaftler fanden heraus, dass sich die Herzschläge von Chormitgliedern beim Singen einander angleichen.

Seite 79

2 A Wusstest du, dass Europa der einzige Kontinent ohne Wüste ist?

B Im Pazifik gibt es ein Volk, das den Ehemann der englischen Queen, Prinz Philipp, als Gottheit verehrt.

C Das 50-Cent-Stück in Australien, das ursprünglich 80 % Silber enthielt, war aufgrund steigender Silberpreise zwei Dollar wert.

D Eine groß angelegte Befragung von Weihnachtsmarktbesuchern förderte zutage, dass jeder Weihnachtsmarktbesucher durchschnittlich 27 Euro ausgibt.

E Im Verzeichnis der beliebtesten Vornamen, das 2011 erschien, stand Maximilian an erster Stelle.

F Dass in einem 150-Gramm-Becher Erdbeerjoghurt gerade einmal ein Viertel einer Erdbeere enthalten ist, hätte ich nicht vermutet.

G Das britische Parlament erließ 1848 ein Gesetz, das festlegte, dass jedes [...] Haus mindestens eine Toilette haben musste.

H Nach einem britischen Gesetz von 1845 war ein Selbstmordversuch ein Kapitalverbrechen, das mit dem Tode bestraft wurde.

3 Verfasse eine schriftliche Beschreibung von Zero. Nutze dafür deine Vorarbeiten aus den Aufgaben 1 und 2. Orientiere dich an folgenden Teilschritten:

a) Schreibe eine **Einleitung**, in der du Autor, Titel, Hauptfigur(en), Ort und evtl. Zeit nennst und wenige Hinweise auf die Handlung gibst. Beginne z. B. so:

Zero, eigentlich Hector Zeroni, ist eine Figur in Louis Sachars Roman „Löcher". Er gehört mit seinem Freund Stanley zu den beiden Hauptfiguren des Romans. Beide befinden sich …

b) Beschreibe Zero im **Hauptteil** deines Textes genauer. Du kannst folgende Textbeispiele nutzen:

Zero ist der Kleinste in Stanleys Gruppe, aber offenbar kräftig, zäh und geschickt, denn er ist der beste Graber von ihnen und mit seinem Loch immer „als Erster fertig" (Z. 4). Zudem kann er immer ein „perfekt ausgehobenes Loch" (Z. 10) vorweisen.

Zero ist wortkarg und wird deshalb für dumm gehalten. Mr. Pendanski, einer der Aufseher, erläutert Zeros Spitznamen zu Beginn des Romans damit, dass „in seinem Kopf absolut nichts drin" (Z. 2) sei.

Im Verlauf der Handlung stellt sich jedoch heraus, dass …

Er kann zwar nicht lesen und schreiben, aber …

Später erfährt man etwas über Zeros Vorgeschichte. …

c) Formuliere zum **Schluss** eine persönliche Einschätzung: Findest du Zero sympathisch? Warum? Warum nicht?

Für mich ist Zero …

d) **Überprüfe** deinen Text im Anschluss:
- Hast du die Figur anschaulich dargestellt?
- Sind deine Aussagen mit Textstellen belegt?
- Ist deine abschließende Einschätzung der Figur nachvollziehbar?

Checkliste	**Eine literarische Figur beschreiben**
Eine Figur untersuchen	✓ Markiere im Text alle Stellen, die Aufschluss über die Figur geben. ✓ Unterstreiche besonders wichtige Aussagen über die Figur im Text und notiere am Rand oder auf Klebezetteln weitere Erkenntnisse über die Figur. ✓ Ordne deine Notizen nach sinnvollen Aspekten wie äußere Merkmale der Figur, Verhalten und Eigenschaften, Lebensumstände oder Beziehung zu anderen Figuren.
Eine Figur schriftlich beschreiben (charakterisieren)	✓ Stelle in der **Einleitung** den Roman kurz vor. Nenne Autor/-in, Titel, Hauptfigur(en), Handlungsort(e) und gib erste Hinweise auf die Handlung. ✓ Formuliere im **Hauptteil** deine Notizen aus. Verweise bei allen Abschnitten auf die Situation im Handlungsgang (In welcher Situation stellt sich etwas heraus?). ✓ Fasse zum **Schluss** deine Untersuchungsergebnisse kurz zusammen oder formuliere eine persönliche Einschätzung der Figur. ✓ Schreibe im **Präsens** und **belege alle Aussagen mit dem Text.** ✓ **Kennzeichne wörtliche Übernahmen** aus dem Text durch Anführungsstriche.

Alles Theater?

Eine Erzählung in ein Theaterstück umwandeln

S. 136

Der Bär auf dem Försterball *Peter Hacks*

Der Bär schwankte durch den Wald, es war übrigens Winter; er ging zum Maskenfest. Er war von der besten Laune. Er hatte schon ein paar Kübel Bärenschnaps getrunken; den mischt man aus Honig, Wodka und vielen schwierigen Gewürzen. Des Bären Maske war sehr komisch. Er trug einen grünen Rock, fabelhafte Stiefel und eine Flinte auf der Schulter; ihr merkt schon, er ging als Förster.

Da kam ihm, quer über den knarrenden Schnee, einer entgegen: auch im grünen Rock, auch mit fabelhaften Stiefeln und auch die Flinte geschultert. Ihr merkt schon, das war der Förster.

Der Förster sagte mit einer tiefen Baßstimme: „Gute Nacht, Herr Kollege, auch zum Försterball?"

„Brumm", sagte der Bär, und sein Baß war so tief wie die Schlucht am Weg, in die die Omnibusse fallen.

„Um Vergebung", sagte der Förster erschrocken, „ich wußte ja nicht, daß Sie der Oberförster sind."

„Macht nichts", sagte der Bär leutselig[1]. Er faßte den Förster unterm Arm, um sich an ihm festzuhalten, und so schwankten sie beide in den „Krug zum zwölften Ende", wo der Försterball stattfand.

Die Förster waren alle versammelt. Manche Förster hatten Geweihe, die sie vorzeigten, und manche Hörner, auf denen sie bliesen. Sie hatten alle lange Bärte und geschwungene Schnurrbärte, aber die meisten Haare im Gesicht hatte der Bär.

„Juhu", riefen die Förster und hieben den Bären kräftig auf den Rücken.

„Stimmung", erwiderte der Bär und hieb die Förster auf den Rücken, und es war wie ein ganzer Steinschlag.

„Um Vergebung", sagten die Förster erschrocken, „wir wußten ja nicht, daß Sie der Oberförster sind."

„Weitermachen", sagte der Bär. Und sie tanzten und tranken und lachten; sie sangen, sie hätten so viel Dorst im grünen Forst. Ich weiß nicht, ob ihr es schon erlebt habt, in welchen Zustand man gerät, wenn man so viel tanzt und trinkt, lacht und singt. Die Förster gerieten in einen

1 leutselig: freundlich

Tatendrang und der Bär mit ihnen; der Bär sagte: „Wir wollen jetzt ausgehn, den Bären schießen."

Da streiften sich die Förster ihre Pelzhandschuhe über und schnallten sich ihre Lederriemen fest um den Bauch; so strömten sie in die kalte Nacht. Sie stapften durchs Gehölz. Sie schossen mit ihren Flinten in die Luft. Sie riefen „Hussa" und „Hallihallo" und „Halali", wovon das eine so viel bedeutet wie das andere, nämlich gar nichts, aber so ist das Jägerleben. Der Bär riß im Vorübergehen eine Hand voll trockener Hagebutten vom Strauch und fraß sie. Die Förster riefen: „Seht den Oberförster, den Schelm", und fraßen auch Hagebutten und wollten sich ausschütten vor Spaß. Nach einer Weile jedoch merkten sie, daß sie den Bären nicht fanden.

„Warum finden wir ihn nicht?", sagte der Bär. „Er sitzt in seinem Loch, ihr Schafsköpfe." Er ging zum Bärenloch, die Förster hinterdrein. Er zog den Hausschlüssel aus dem Fell, schloß den Deckel auf und stieg hinunter, die Förster hinterdrein.

„Der Bär ist ausgegangen", sagte der Bär schnüffelnd, „aber es kann noch nicht lange her sein, es riecht stark nach ihm." Dann torkelte er zurück in den „Krug zum zwölften Ende" und die Förster hinterdrein.

Sie tranken gewaltig nach der Anstrengung, aber die Menge, die der Bär trank, war wie ein Schmelzwasser, das die Brücken fortreißt.

„Um Vergebung", sagten die Förster erschrocken. „Sie sind ein großartiger Oberförster."

Der Bär sagte: „Der Bär steckt nicht im Walde, und der Bär steckt nicht in seinem Loch; es bleibt nur eins, er steckt unter uns und hat sich als Förster verkleidet."

„Das muß es sein", riefen die Förster, und sie blickten einander mißtrauisch und scheel[2] an.

Es war aber ein ganz junger Förster dabei, der einen verhältnismäßig kleinen Bart hatte und nur wenige Geweihe und überhaupt der Schwächste und Schüchternste war von allen. So beschlossen sie, dieser sei der Bär. Sie krochen mühsam auf die Bänke, stützten ihre Bärte auf die Tische und langten mit den Händen an der Wand empor.

„Was sucht ihr denn?", rief der junge Förster.

„Unsere Flinten", sagten sie, „sie hängen leider an den Haken."

„Wozu die Flinten?", rief der junge Förster.

„Wir wollen dich doch schießen", antworteten sie, „du bist doch der Bär."

„Ihr versteht überhaupt nichts von Bären", sagte der Bär. „Man muß untersuchen, ob er einen Schwanz hat und Krallen an den Tatzen", sagte der Bär.

„Die hat er nicht", sagten die Förster, „aber, Potz Wetter! Sie selbst haben einen Schwanz und Krallen an den Tatzen, Herr Oberförster."

Die Frau des Bären kam zur Tür herein und war zornig. „Pfui Teufel", rief sie, „in was für Gesellschaft du dich herumtreibst."

Sie biß den Bären in den Nacken, damit er nüchterner würde, und ging mit ihm weg.

„Schade, daß du so früh kamst", sagte der Bär im Walde zu ihr, „eben hatten wir ihn gefunden, den Bären. Na, macht nichts. Andermal ist auch ein Tag." R

❶ Wo wendet sich das Geschehen des Stücks? Nenne die Textstelle mit Zeilenangabe und begründe in Stichpunkten.

2 scheel: schief

2 Stell dir vor, du bist Regisseur/-in und willst aus der Geschichte ein Theaterstück machen. Zunächst musst du den Text in Szenen einteilen. Eine neue Szene beginnt in der Regel, wenn der Handlungsort wechselt und/oder Figuren auf- oder abtreten:
- Überprüfe, wo in der Erzählung der **Ort** wechselt. Notiere die Orte am Rand der entsprechenden Abschnitte.
- Notiere ebenfalls am Rand, welche **Figuren** an den jeweiligen Orten auftreten.
- Markiere nun die Abschnitte im Text, die zu **Szenen** werden sollen.

3 Lege in deinem Heft eine Tabelle nach folgendem Muster an. Notiere zu den einzelnen Szenen, welche Personen auftreten, welche Bühnenausstattung der Text nahelegt und was in der jeweiligen Szene passiert.

Szene (Zeile)	**Personenverzeichnis** *(Wer tritt auf?)*	**Ort und Bühnenausstattung** *(Wo spielt die Szene? Was ist auf der Bühne zu sehen?)*	**Handlung** *(Was passiert?)*
1 (Z. 1–)	der Bär	Wald im Winter (Schnee, dunkle Tannen …)	Bär schwankt durch den Wald; ist auf dem Weg zum Maskenfest
2 (Z. –)			

4 Beschreibe stichpunktartig, in welchem Kostüm der Schauspieler auftreten soll, der den Bären spielt. Beachte vor allem den Anfang (Z. 1–5) und das Ende der Geschichte (Z. 57–60).
Begründe kurz, warum dieses Kostüm wichtig ist.

____

____

____

____

____

____

5 Entscheide dich für eine Szene, die du ausarbeiten möchtest. Gehe so vor:
- Markiere im Text die wörtliche Rede und die Hinweise auf die Sprecher/-innen mit einem Farbstift.
- Markiere in einer anderen Farbe Hinweise auf die Art des Sprechens (z. B.: *leise, laut, erschrocken*) und auf das Verhalten der Figuren (z. B.: *„Dann torkelte er zurück in den Krug“* (Z. 41)).

6 Arbeite die Szene in deinem Heft aus:
a) Notiere **einleitende Regieanweisungen** mit Angaben zu den auftretenden Figuren (*Wer tritt auf? In welchem Kostüm tritt sie/er auf?*) sowie zu Bühnenbild und Requisiten (*Wo spielt die Szene? Wie soll die Bühne ausgestattet sein?*).
b) Arbeite die **Figurenrede** und die Regieanweisungen für die Schauspieler/-innen aus.
c) Ergänze, wenn nötig, weitere Redeteile und Regieanweisungen.

7 Skizziere in deinem Heft ein passendes Bühnenbild für die von dir ausgearbeitete Szene.

8 Arbeite in deinem Heft eine Szene zu folgendem Bühnenbild aus:
- Formuliere Regieanweisungen zum Bühnenbild und zu den Kostümen der Figuren.
- Verfasse die Figurenrede und die Regieanweisungen für die Schauspieler/-innen.

Gerhard Kelling: Der Bär geht auf den Försterball. Nach: Peter Hacks: Der Bär auf dem Försterball. Theater Paderborn 2013

Checkliste	Eine Erzählung in ein Theaterstück umwandeln
Den Text erschließen und die Handlungsstruktur entwerfen	✓ Erschließe die **Handlung** der Erzählung: – An welchem **Ort**/welchen **Orten** spielt die Handlung? – Zu welcher **Zeit** (z. B. Tages- oder Jahreszeit) spielt die Handlung? – Welche **Figuren** treten auf? – Welcher **Konflikt** entsteht? – Gibt es einen **Höhepunkt/Wendepunkt** in der Handlung? ✓ Unterteile den Text in einzelne Szenen. ✓ Lege eine Tabelle mit einer **Szenenübersicht** an.
Die Figuren entwickeln und die Kostüme entwerfen	✓ Erstelle ein **Personenverzeichnis** mit allen Figuren des Stücks. ✓ Kläre, welche **Eigenschaften** die **Figuren** im Stück haben und welche Rolle sie spielen, z. B.: Aussehen, Charakter, Herkunft, Familie, Beruf, Beziehung zu anderen Figuren. ✓ Entwirf passende **Kostüme** für die Figuren. Überlege dabei, was die Kostüme dem Publikum verdeutlichen sollen.
Die Szenen ausgestalten	✓ Entwickle die **Figurenrede**. Beachte dabei: – Worüber sprechen die Figuren? – Welche Wünsche haben sie? Welche Ziele verfolgen sie? – Was hat sich am Ende gegenüber dem Anfang verändert? ✓ Gib **Regieanweisungen** zum Verhalten der Figuren.
Das Bühnenbild entwerfen	✓ Kläre, wie die **Bühne** aufgebaut und ausgestattet sein soll. ✓ Entscheide, welche **Requisiten** wichtig sind und warum.

Von Helden und Abenteuern

Balladen untersuchen und beschreiben

S. 164

Der Zauberlehrling *Johann Wolfgang Goethe* (1749–1832)

Hat der alte Hexenmeister
Sich doch einmal wegbegeben!
Und nun sollen seine Geister
Auch nach meinem Willen leben.
Seine Wort' und Werke
Merkt' ich und den Brauch,
Und mit Geistesstärke
Tu ich Wunder auch.

Walle! walle!
Manche Strecke,
Dass zum Zwecke
Wasser fließe
Und mit reichem, vollem Schwalle
Zu dem Bade sich ergieße.

Und nun komm, du alter Besen!
Nimm die schlechten Lumpenhüllen.
Bist schon lange Knecht gewesen;
Nun erfülle meinen Willen!
Auf zwei Beinen stehe,
Oben sei ein Kopf,
Eile nun und gehe
Mit dem Wassertopf!

Walle! walle!
Manche Strecke,
Dass zum Zwecke
Wasser fließe
Und mit reichem, vollem Schwalle
Zu dem Bade sich ergieße.

Seht, er läuft zum Ufer nieder;
Wahrlich! ist schon an dem Flusse,
Und mit Blitzesschnelle wieder
Ist er hier mit raschem Gusse.
Schon zum zweiten Male!
Wie das Becken schwillt!
Wie sich jede Schale
Voll mit Wasser füllt!

Stehe! stehe!
Denn wir haben
Deiner Gaben
Voll gemessen! –
Ach, ich merk es! Wehe! wehe!
Hab ich doch das Wort vergessen!

Ach! das Wort, worauf am Ende
Er das wird, was er gewesen.
Ach, er läuft und bringt behände[1]!
Wärst du doch der alte Besen!
Immer neue Güsse
Bringt er schnell herein,
Ach! und hundert Flüsse
Stürzen auf mich ein.

Nein, nicht länger
Kann ich's lassen;
Will ihn fassen.
Das ist Tücke!
Ach! nun wird mir immer bänger[2]!
Welche Miene! welche Blicke!

1 behände: flink, geschickt
2 bänger: Steigerungsform von bang: voll Angst

O du Ausgeburt der Hölle!
Soll das ganze Haus ersaufen?
Seh ich über jede Schwelle
Doch schon Wasserströme laufen.
Ein verruchter Besen,
Der nicht hören will!
Stock, der du gewesen,
Steh doch wieder still!

Willst's am Ende
Gar nicht lassen?
Will dich fassen,
Will dich halten
Und das alte Holz behände
Mit dem scharfen Beile spalten.

Seht, da kommt er schleppend wieder!
Wie ich mich nur auf dich werfe,
Gleich, o Kobold, liegst du nieder;
Krachend trifft die glatte Schärfe.
Wahrlich! brav getroffen!
Seht, er ist entzwei!
Und nun kann ich hoffen
Und ich atme frei!

Wehe! wehe!
Beide Teile
Stehn in Eile
Schon als Knechte
Völlig fertig in die Höhe!
Helft mir, ach! ihr hohen Mächte!

Und sie laufen! Nass und nässer
Wird's im Saal und auf den Stufen.
Welch entsetzliches Gewässer!
Herr und Meister! hör mich rufen! –
Ach, da kommt der Meister!
Herr, die Not ist groß!
Die ich rief, die Geister,
Werd ich nun nicht los.

„In die Ecke,
Besen! Besen!
Seid's gewesen.
Denn als Geister
Ruft euch nur, zu seinem Zwecke,
Erst hervor der alte Meister."

1 a) Wovon handelt die Ballade? Kreuze die richtige Aussage an.

- ☐ Die Ballade handelt von einem Zauberlehrling, der sich selbst überschätzt, Unheil anrichtet und schließlich von seinem Meister gerettet wird.
- ☐ Die Ballade handelt von einem Zauberlehrling, der im selbst gezauberten Wasser ertrinkt.
- ☐ Die Ballade handelt von den Folgen, die das Verzaubern von Besen haben kann.

b) Wer spricht in den einzelnen Strophen der Ballade? Notiere es.

____

2 a) Zeichne eine Spannungskurve für die Ballade.

b) Wie verändert sich das Verhalten des Zauberlehrlings im Laufe der Handlung? Wähle aus dem Wortspeicher geeignete Begriffe aus und notiere sie an passender Stelle in der Spannungskurve.

panisch · selbstsicher · hilflos · furchtsam · verzweifelt · überrascht · furchtlos · neugierig · wütend · ängstlich · heimlich · mutig · selbstbewusst · fröhlich · traurig · erschrocken

3 Untersuche die Form der Ballade. Orientiere dich an der Checkliste auf Seite 37 und ergänze den folgenden Lückentext.

Goethes Ballade „Der Zauberlehrling“ besteht aus ____ Strophen, die abwechselnd ________ und ________ Verse haben.

Während die Verse der Strophen 1, 3, 5, 7, 9, 11 und 13 durch einen __________-Reim verbunden sind, sieht das Reimschema der anderen Strophen so aus: a b__________.

Das Metrum der Ballade ist durchgängig der __________________.

Info: Reim und Metrum

Reimschema:
Paarreim aa bb
Kreuzreim: ab ab
umarmender Reim: a bb a

Metrum:
Jambus xx́ xx́ xx́
Trochäus x́x x́x x́x
Daktylus x́xx x́xx

4 Untersuche, welche sprachlichen Mittel in der Ballade verwendet werden. Notiere zu jedem der folgenden sprachlichen Mittel mindestens ein Beispiel aus der Ballade.

sprachliches Mittel	Erläuterung	Beispiel aus dem „Zauberlehrling“
Alliteration	gleicher Anlaut der betonten Silben aufeinanderfolgender Wörter, z. B.: *bei **W**ind und **W**etter **w**agen **w**ir **w**enig*	
Wortwiederholung	Wiederholung einer oder mehrerer Wörter am Satz- oder Versanfang, z. B.: ***Das Wandern** ist des Müllers Lust, **das Wandern, das Wandern**.* (Wilhelm Müller)	
Übertreibung (Hyperbel)	starke Übertreibung, z. B. *ein **Meer** von **Tränen***	

5 Stelle einen Zusammenhang zwischen der Form der Ballade und dem Inhalt her, indem du die folgenden Aussagen ergänzt. Schreibe in dein Heft.

- Das durchgängige Metrum der Ballade, der … , wirkt/verdeutlicht …
- Die regelmäßige Abfolge der langen und kurzen Strophen erinnert an …
- Durch die kürzeren Verse in der zweiten, vierten usw. Strophe wird … betont.
- Die häufigen Ausrufe und Wortwiederholungen, z. B. … , verstärken den Eindruck, dass …

Die Brück' am Tay[1] *Theodor Fontane* (1819–1898)

When shall we three meet again? (Macbeth)

„Wann treffen wir drei wieder zusamm?"
– „Um die siebente Stund', am Brückendamm."
„Am Mittelpfeiler."
„Ich lösche die Flamm."
„Ich mit."
„Ich komme vom Norden her."
„Und ich vom Süden."
„Und ich vom Meer."
„Hei, das gibt ein Ringelreihn[2],
Und die Brücke muss in den Grund hinein."
„Und der Zug, der in die Brücke tritt
Um die siebente Stund'?"
„Ei, der muss mit."
„Muss mit."
„Tand, Tand[3]
Ist das Gebilde von Menschenhand!"

*

Auf der Norderseite, das Brückenhaus –
Alle Fenster sehen nach Süden aus,
Und die Brücknersleut'[4] ohne Rast und Ruh
Und in Bangen sehen nach Süden zu,
Sehen und warten, ob nicht ein Licht
Übers Wasser hin „Ich komme" spricht,
„Ich komme, trotz Nacht und Sturmesflug,
Ich, der Edinburger Zug."

Und der Brückner jetzt: „Ich seh einen Schein
Am andern Ufer. Das muss er sein.
Nun, Mutter, weg mit dem bangen Traum,
Unser Johnie kommt und will seinen Baum,
Und was noch am Baume von Lichtern ist,
Zünd alles an wie zum Heiligen Christ,
Der will heuer[5] zweimal mit uns sein –
Und in elf Minuten ist er herein."

Und es war der Zug. Am Süderturm
Keucht er vorbei jetzt gegen den Sturm,
Und Johnie spricht: „Die Brücke noch!
Aber was tut es, wir zwingen es doch.
Ein fester Kessel, ein doppelter Dampf,
Die bleiben Sieger in solchem Kampf.
Und wie's auch rast und ringt und rennt,
Wir kriegen es unter, das Element.

Und unser Stolz ist unsre Brück';
Ich lache, denk ich an früher zurück,
An all den Jammer und all die Not
Mit dem elend alten Schifferboot;
Wie manche liebe Christfestnacht
Hab ich im Fährhaus zugebracht
Und sah unsrer Fenster lichten Schein
Und zählte und konnte nicht drüben sein."

Auf der Norderseite, das Brückenhaus –
Alle Fenster sehen nach Süden aus,
Und die Brücknersleut' ohne Rast und Ruh
Und in Bangen sehen nach Süden zu;
Denn wütender wurde der Winde Spiel,
Und jetzt, als ob Feuer vom Himmel fiel',
Erglüht es in niederschießender Pracht
Überm Wasser unten ... Und wieder ist Nacht.

*

„Wann treffen wir drei wieder zusamm?"
„Um Mitternacht, am Bergeskamm."
„Auf dem hohen Moor, am Erlenstamm."
„Ich komme."
„Ich mit."
„Ich nenn euch die Zahl."
„Und ich die Namen."
„Und ich die Qual."
„Hei!
Wie Splitter brach das Gebälk entzwei."
„Tand, Tand
Ist das Gebilde von Menschenhand."

1 der Tay: längster Fluss Schottlands
2 der Ringelreihn (= Ringelreigen): Spiel/Tanz, bei dem man sich an den Händen fasst und im Kreis tanzt
3 der Tand: veraltet für einen hübschen Gegenstand, der keinen Wert mehr besitzt
4 die Brücknersleut: Menschen, die eine Brücke überwachen
5 heuer: dieses Jahr

1 Welcher der folgenden Aussagen über „Die Brück' am Tay“ stimmst du zu? Kreuze an und begründe kurz.

☐ Im Kampf zwischen den Naturgewalten (Hexen/Winde) geht die Technik als Siegerin hervor.

☐ Im Kampf zwischen den Naturgewalten (Hexen/Winde) geht die Natur als Siegerin hervor.

Begründung: ______________________________

____

____

2 In der Ballade „Die Brück' am Tay“ gibt es eine Rahmenhandlung und eine Binnenhandlung. Notiere in Stichpunkten, was in diesen Teilen der Handlung passiert.

Rahmenhandlung

	Binnenhandlung	

3 Zeichne eine Spannungskurve für die Binnenhandlung der Ballade. Notiere die Nummern der Strophen an der Kurve.

4 Untersuche das **Reimschema** und das **Metrum** der Ballade. Kreuze die richtigen Aussagen an.

Reim:
☐ Es handelt sich, mit Ausnahme der dritten Strophe, um einen Paarreim.
☐ In der ersten und siebten Strophe ist das Reimschema unregelmäßig. In der zweiten bis sechsten Strophe finden sich Paarreime.
☐ Bei dem Reimschema der ersten bis sechsten Strophe handelt es sich um den Paarreim. In der siebten Strophe finden sich Kreuzreime.

Metrum:
☐ Bei dem Metrum der Ballade handelt es sich um einen Daktylus.
☐ Das Metrum ist unregelmäßig.
☐ Bei dem Metrum handelt es sich um einen Jambus.

5 Untersuche, ob „Die Brück' am Tay“ die typischen Balladenmerkmale aufweist. Ergänze folgende Übersicht.

Merkmale einer Ballade		**Beispiele aus „Die Brück' am Tay“**
Epik	**Erzähler | Erzählperspektive** – Gibt es einen (oder mehrere) Erzähler? – Gibt es Abschnitte, die nicht erzählend sind? – Wo befindet sich der Erzähler?	– *Es gibt einen Erzähler* – –
	Abgeschlossene Handlung	– *siehe Aufgabe 2*
	Spannungskurve	– *siehe Aufgabe 3*
Lyrik	– **Strophen** – **Verse** – **Reim** – **Metrum**	– *7 Strophen* – –
Dramatik	**Dramatische Handlung** – Exposition – Höhepunkt/Wendepunkt – Katastrophe	– *Exposition: Brücknersleute warten gespannt auf den Edinburger Zug (Strophe ______, Verse ______)* – *Höhepunkt/Wendepunkt:* – *Katastrophe:*
	– **Dialoge** – **Monologe**	– *Dialoge, z. B. Strophe ____, Verse ______ und Strophe ____, Verse ______* – *Monologe, z. B. Strophe ____, Verse ______ und Strophe ____, Verse ______*

Checkliste	**Balladen untersuchen**
Inhalt	✓ An **welchem Ort/welchen Orten** und zu **welcher Zeit** spielt die Handlung? ✓ Welche **Figuren** treten auf? ✓ Was passiert in den einzelnen **Strophen**? ✓ Gibt es **Besonderheiten**, z. B. eine Rahmenhandlung?
Aufbau	✓ Wie viele **Strophen** gibt es und wie sind sie aufgebaut? Sind alle Strophen gleich aufgebaut oder gibt es Unterschiede? ✓ Gibt es einen **Höhe-** und **Wendepunkt**? ✓ Bringt der Schluss eine **unerwartete Wendung**?
Form	✓ Gibt es ein bestimmtes **Reimschema**? Wenn ja, wie heißt es? ✓ Ist ein durchgängiges **Metrum** erkennbar? Wenn ja, um welches handelt es sich?
Sprache	✓ Gibt es Auffälligkeiten im **Satzbau**, z. B. unvollständige Sätze oder gehäuft auftretende Frage- oder Ausrufesätze? ✓ Treten **Wörter** aus einem bestimmten Wortfeld gehäuft auf? ✓ Werden die Aussagen durch **sprachliche Mittel**, z. B. Vergleiche, Wortwiederholungen, Metaphern, Hyperbeln (Übertreibungen) oder Personifikationen, veranschaulicht?

Vom Stummfilm zum Internetvideo

Sachtexte und Diagramme erschließen

S. 186

Material 1 **Die Anfänge des Films** *Christoph Teves*

Auf der Leinwand erscheint ein Bahnsteig, an dem Reisende warten. Langsam nähert sich der Zug. Einige Zuschauer im Pariser „Grand Café" werden unruhig. Immer näher kommt der Zug, fährt förmlich direkt auf den Betrachter zu. Die Zuschauer kreischen, verstecken sich voll Panik unter den Sitzen. Solche Schilderungen der ersten Kinovorführung verweisen viele Filmhistoriker inzwischen zwar ins Reich der Legende. Doch große Augen und offene Münder gab es zuhauf, damals, als die Bilder laufen lernten.

Bevor die Bilder laufen lernten, lernten sie erst einmal flackern. Schon Mitte des 17. Jahrhunderts brachte die Laterna Magica die Menschen zum Staunen: Mithilfe von Kerzenschein (später Öllampen) und einer Linse warf diese „Zauberlaterne" Bilder vergrößert an eine Wand – zunächst allerdings nicht, um die Menschen zu unterhalten.

Der Jesuit Athanasius Kircher wollte mit ihrer Hilfe Werbung für den Glauben machen und Menschen religiös erziehen. Doch statt in der Kirche trat die Laterna Magica ihren Siegeszug auf Jahrmärkten und später in bürgerlichen Haushalten an. Die Kirche dagegen verurteilte den Apparat bald als Teufelswerk.

Nachdem die Laterna Magica die Projektion von Bildern etabliert[1] hatte, wurden viele andere Geräte entwickelt – mit dem Ziel, die Bilder zum Laufen zu bringen. 1832 erfanden etwa der Belgier Joseph Plateau und der Österreicher Simon Stampfer unabhängig voneinander das Phenakistiskop oder „Lebensrad": Auf einer Scheibe sind kreisförmig Bilder angeordnet, die jeweils unterschiedliche Phasen einer Bewegung zeigen. Zwischen den Bildern befinden sich Sehschlitze. Betrachtet man das sich drehende Rad durch diese Schlitze in einem Spiegel, entsteht der Eindruck von Bewegung.

Dieses Prinzip, vorbeilaufende Phasenbilder mit sehr kurzen Unterbrechungen zu betrachten, wurde in der Folge in verschiedenen Apparaten weiterentwickelt und verbessert. In diesen Geräten, die auf Jahrmärkten für Begeisterung sorgten, waren gemalte Motive zu sehen.

Doch ab 1887 erwachten quasi auch reale Menschen und Tiere zum Leben: Der Brite Eadweard Muybridge begann mit Serienfotos eines galoppierenden Pferdes seine fotografischen Studien tierischer und menschlicher Bewegungsabläufe. Dank dieser „bewegten Fotografien" gilt auch Muybridge als einer der Großväter der Kinematografie.

1 etablieren: einführen

____

Gegen Ende des 19. Jahrhunderts werkelte gleich eine Vielzahl von geschäftstüchtigen Erfindern an der Aufzeichnung und der Projektion bewegter Bilder. Darum ist auch nicht ganz klar, wem die Ehre der ersten Filmvorführung gebührt. Mitarbeiter des US-Amerikaners Thomas Alva Edison entwickelten zum Beispiel bereits Anfang der 1890er-Jahre mit dem Kinetoskop ein funktionierendes Aufnahme- und Betrachtungsgerät. Den fertigen Film konnte sich allerdings immer nur eine Person in einem Guckkasten anschauen. Edisons Apparat feierte auf Jahrmärkten Erfolge, doch dafür, dass Film zum Gemeinschaftserlebnis wurde, sorgten andere. Am 1. November 1895 führten die Berliner Brüder Max und Emil Skladanowsky mit ihrem Bioskop dem Publikum eines Varietéprogramms kurze Filme vor.
Noch erfolgreicher war aber ein französisches Brüderpaar: Für viele Historiker ist die Filmvorführung von Auguste und Louis Lumière am 28. Dezember 1895 im Pariser „Grand Café" die Geburtsstunde des Kinos. Die Lumières zeigten einem zahlenden Publikum einige selbstgedrehte kurze Filme, vor allem alltägliche Momentaufnahmen wie die Fütterung eines Babys, eine Straßenszene in Lyon und die Ankunft eines Zuges.
Dank seiner Technik und des Geschäftssinns seiner Erfinder setzte sich der Kinematograf der Lumières gegen die anderen Entwicklungen der damaligen Zeit, etwa das Bioskop der Skladanowskys, durch. Der Premiere in Paris folgten öffentliche Filmvorführungen in der ganzen Welt. Mit dem Erfolg der Lumières etablierten sich in den Folgejahren auch die Theater, die ausschließlich Filme zeigten – die Kinos. [...] Neben Alltagsszenen standen vor allem gesellschaftliche Ereignisse wie Paraden, Ausstellungen oder Begräbnisse und abgefilmte Varieténummern mit Akrobaten, Tänzern oder Tieren auf dem Programm.

____

Gemeinsam war den kurzen Filmen der Anfangszeit: Sie bestanden fast immer aus nur einer Einstellung, die Kamera war unbeweglich und die Perspektive war die eines Theaterzuschauers. Doch schon bald wurde der Film auch als Möglichkeit begriffen, eine Geschichte zu erzählen. Ungefähr ab 1903 wurden die Filme länger, verwendeten mehrere Einstellungen und erzählten vor allem fiktionale Stoffe, statt reale Ereignisse abzubilden. Ein Landsmann der Lumières, Georges Méliès, hatte zudem eine weitere Möglichkeit des Films erkannt: die Veränderung der Realität, die „Magie". Der Zauberer und Theaterbesitzer experimentierte mit Stopptrick, Mehrfachbelichtungen und Überblendungen und gilt heute als Erfinder der Filmtricks.

Strategie: Sich einen Überblick verschaffen

1 Verschaffe dir einen Überblick über den Text und formuliere in einem Satz, wovon der Text handelt.

Der Text handelt von ______________________________

____

Strategie: Den Text gliedern

2 a) Ordne die folgenden Zwischenüberschriften den im Text markierten Abschnitten zu und notiere sie auf den vorgegebenen Zeilen.

- Der Film als Möglichkeit, Geschichten zu erzählen
- *Laterna Magica* und *Lebensrad* als Vorläufer des Films

b) Formuliere für den verbleibenden Sinnabschnitt eine geeignete Zwischenüberschrift.

Strategie: Schwierige und unbekannte Begriffe klären

3 a) Erkläre folgende Begriffe aus dem Textzusammenhang oder mithilfe eines Wörterbuchs.
b) Gibt es im Text weitere Begriffe, die du nicht verstehst? Ergänze sie und erkläre sie mithilfe eines Wörterbuchs.

Laterna Magica (Z. 14): ____________________

Phenakistiskop (Z. 22): ____________________

Kinematografie (Z. 39): ____________________

Kinetoskop (Z. 44): ____________________

Bioskop (Z. 48): ____________________

fiktionale Stoffe (Z. 64): ____________________

____

____

Strategie: Informationen markieren

4 Markiere im Text Antworten auf folgende Fragen:
- Wie funktionieren die *Laterna Magica* und das *Lebensrad*?
- Welches waren die wichtigsten Meilensteine für die Entwicklung des Films?
- Was wurde in den ersten Filmvorführungen gezeigt?

Strategie: Textinhalte in einer anderen Form wiedergeben

5 Notiere mithilfe der Informationen aus dem Text die wichtigsten Stationen der Entwicklung des Kinos auf der Zeitschlange – von den Anfängen bis zum Beginn des 20. Jahrhunderts.

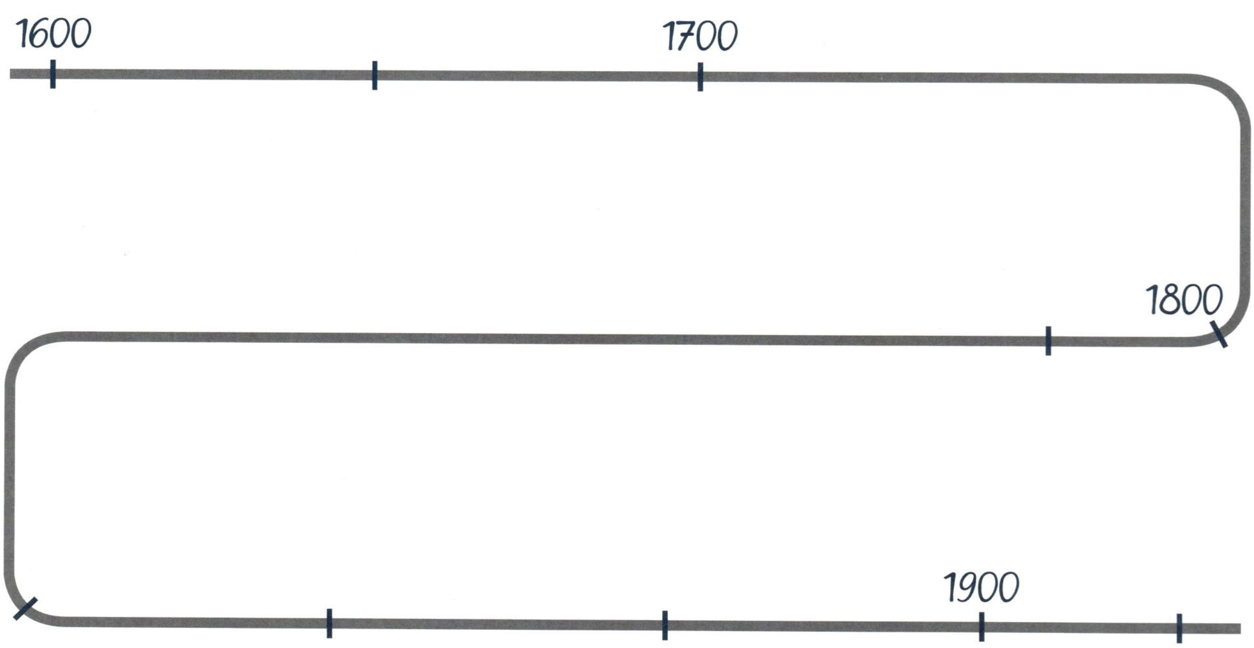

Strategie: Informationen aus verschiedenen Informationsquellen verknüpfen

Material 2 Kinobesucher in Deutschland von 2000 bis 2015

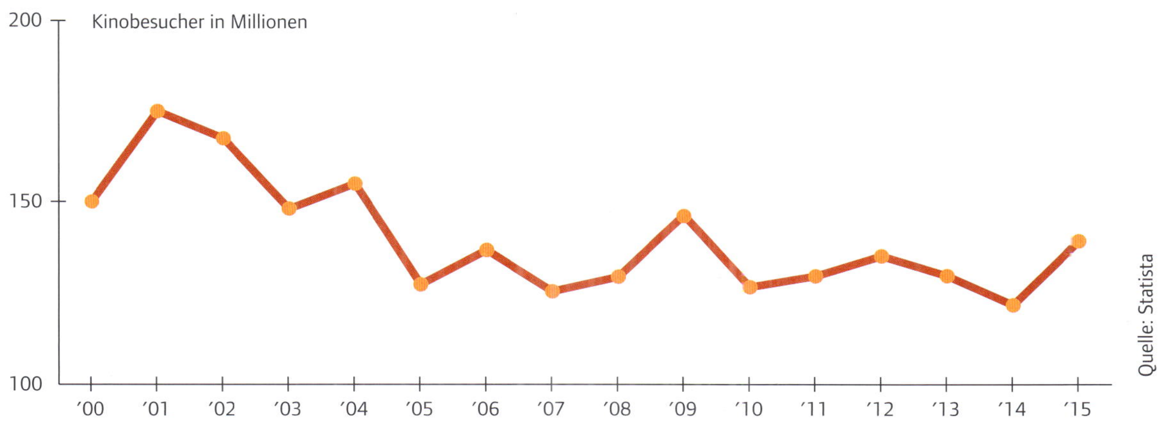

Material 3 Die Top 10 der Kinofilme im Jahr 2015

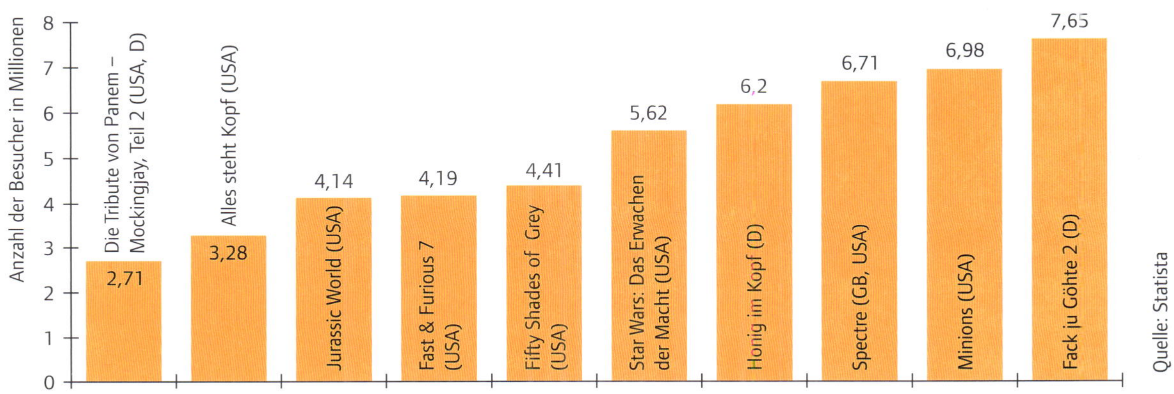

6 a) Welche der folgenden Aussagen zu Material 2 treffen zu? Kreuze sie an.

- ☐ Die Zahl der Kinobesucher in Deutschland nimmt seit dem Jahr 2000 stetig ab.
- ☐ Die Zahl der Kinobesucher in Deutschland war 2015 ähnlich hoch wie im Jahr 2000.
- ☐ Die meisten Kinobesucher in diesem Zeitraum waren im Jahr 2001 zu verzeichnen.

b) Ergänze den folgenden Lückentext mithilfe von Informationen aus den beiden Diagrammen.

Im Vergleich zu 2014 war im Jahr 2015 ______________ der Besucherzahlen in den deutschen Kinos zu verzeichnen. In den Jahren ______________ gingen weniger Menschen ins Kino als 2015. Die meisten Besucher, nämlich ca. _______________, wurden dagegen im Jahr _______ gezählt. Der beliebteste Film in Deutschland im Jahr _______ war _________________ mit _______________ Besuchern. Der Großteil der zehn beliebtesten Filme im Jahr _______ wurde in _______________ produziert. Nur ____ Filme in den Top 10 dagegen stammen aus ___________________.

Material 4 Und ab! – In vier Schritten zum eigenen Film *nach Katharina von Ruschkowski*

Mit Smartphone, Webcam und Co ist es heutzutage nicht mehr schwierig, einen Film zu drehen. Doch wer einen qualitativ hochwertigen Film produzieren möchte, muss ein paar Dinge berücksichtigen.

Los geht's in der Regel mit einer guten Idee. Also überlegt und schaut euch um: Wollt ihr vielleicht einen Dokumentarfilm über euren Schulweg oder euer liebstes Hobby drehen oder doch lieber einen Spielfilm mit erdachten Szenen? Wichtig ist in jedem Fall, dass ihr euch mit dem Thema auskennt oder euch in die Figuren eures Films hineinversetzen könnt.
Informiert euch vorab: Welche Infos, Orte und Personen sind wichtig für euren Film? Führt Gespräche mit den Menschen, die ihr mit der Kamera begleiten wollt. Selbst wenn ihr euch einen Film ausdenkt, braucht ihr vorher Fakten. Auch echte Filmemacher recherchieren meist monatelang, um glaubhafte Szenen und Dialoge zu entwickeln.
Prüft, ob ihr Drehgenehmigungen für bestimmte Orte einholen müsst oder Einverständniserklärungen von Menschen, die in eurem Film auftauchen. Im Groben gilt: Auf Privatgrundstücken braucht ihr das Okay der Besitzer, Dreharbeiten auf dem Pausenhof muss die Schulleiterin/der Schulleiter erlauben. In Parks oder auf Straßen braucht ihr eine Drehgenehmigung, wenn ihr das Treiben dort beeinflusst. Wer nur kurz die vorbeisausenden Autos filmt, benötigt keine offizielle Erlaubnis. Allerdings dürft ihr Menschen nur dann filmen, wenn sie einverstanden sind. Bei Kindern und Jugendlichen unter 18 Jahren müssen die Eltern ihr Einverständnis geben.
Für die meisten Filme genügt die Kamera eures Handys. Auch Fotokameras haben meist eine Filmfunktion. Prüft vorab, ob ihr eure Filmdaten von der Kamera auf den Computer überspielen könnt. Je kleiner eure Kamera ist, desto schneller verwackelt die Aufnahme. Befestigt die Kamera daher am besten an einem Stativ oder an einem größeren Gegenstand, z. B. einem Besenstiel.
Wenn ihr alle Infos, Geräte und Genehmigungen zusammenhabt, macht ihr einen groben Plan, wann ihr wo welche Szenen filmen wollt. Die Szenen müssen dabei nicht in der Reihenfolge gedreht werden, in der die Zuschauer sie später im Film sehen. Beginnt mit den komplizierten Szenen, da anfangs alle Beteiligten noch die nötige Geduld und Konzentration haben. Beim Drehen gibt es einiges zu beachten: Sucht die besten Kamerapositionen für das, was ihr erzählen wollt. Eine Szene lässt sich aus verschiedenen Entfernungen und Blickwinkeln einfangen, z. B. in der Panoramaeinstellung, der Totalen, Halbtotalen oder Nahaufnahme und z. B. aus der Vogel- oder Froschperspektive. Auch ob eure Kamera während des Drehs fest steht oder in Bewegung ist, wirkt sich auf das Tempo einzelner Szenen oder des ganzen Films aus.
Zu einem guten Film gehören natürlich auch Ton und Licht. Ohne Stimmen und Geräusche wirkt jeder Film tot. Viele Kameras nehmen den Ton automatisch auf. Für die meisten Filme genügt das. Wenn ihr für einen Dokumentarfilm Interviews führt, solltet ihr euch ein extra Mikrofon ausleihen, das sich in die Kamera einstöpseln lässt. Damit könnt ihr auch die Atmosphäre an einem Ort gut einfangen. Solche Töne könnt ihr später im Schnitt gut gebrauchen. Rückt eure Figuren und Drehorte außerdem ins rechte Licht. Dreht Draußenszenen am besten morgens oder abends. Dann ist das Licht warm und weich. Bei Filmaufnahmen in Räumen setzt ihr am besten Lampen ein, zum Beispiel Schreibtisch- oder Stehlampen. Diese sollten hinter dem Kameramann stehen und knapp an euren Figuren vorbeistrahlen, damit diese nicht blinzeln müssen.
Ist der Film im Kasten, geht es ans Schneiden. Hierfür gibt es spezielle Computerprogramme oder Apps. Zunächst erfolgt der sogenannte Rohschnitt. Dabei werden die schönsten Szenen ausgewählt und in eine sinnvolle Reihenfolge gebracht. Beim anschließenden Feinschnitt werden einzelne Szenen nochmal um Sekundenbruchteile gekürzt, damit der Film einen guten Rhythmus hat. Wenn ihr mit eurem Ergebnis zufrieden seid, könnt ihr euren Film eurer Familie oder euren Freunden vorführen oder ihn auf einer Video-Plattform im Internet hochladen.

7 Erschließe den Text mithilfe folgender Strategien (→ Checkliste S. 43):
- Kläre, worum es in dem Text geht.
- Markiere Sinnabschnitte und gib jedem eine Überschrift. Schreibe sie mit Zeilenangabe in dein Heft.

8 a) Markiere im Text zentrale Informationen über die Herstellung eines Films.
b) Erstelle mithilfe dieser Informationen einen Leitfaden für die Herstellung eines eigenen Films.

Leitfaden: In vier Schritten zum eigenen Internet-Film

Ausrüstung/Zubehör: ____________________

____

1 Eine Idee entwickeln ____________________
- Dokumentarfilm?

2 ____________________

3 ____________________

4 ____________________

Zum Schluss kannst du ____________________

____

Checkliste	Sachtexte erschließen
Strategie: Sich einen Überblick verschaffen	✓ Lies den Text einmal durch und kläre, worum es darin geht.
Strategie: Informationen in Texten markieren	✓ Überlege, welche Informationen du benötigst. ✓ Markiere Textstellen, die dir diese Informationen geben.
Strategie: Einen Text gliedern	✓ Unterteile den Text in Abschnitte, die sich inhaltlich unterscheiden (Sinnabschnitte). ✓ Formuliere für jeden Sinnabschnitt eine Überschrift.
Strategie: Schwierige und unbekannte Begriffe klären	✓ Versuche, schwierige und unbekannte Begriffe aus dem Zusammenhang zu erschließen. ✓ Schlage in einem Wörterbuch nach, falls notwendig.
Strategie: Informationen aus verschiedenen Informationsquellen verknüpfen	✓ Kläre, welche deiner Fragen der Text nicht beantwortet. ✓ Suche andere Texte, Bilder oder Diagramme, die dir bei der Beantwortung dieser Fragen helfen.
Strategie: Textinhalte in einer anderen Form wiedergeben	✓ Stelle die Informationen aus dem Text/den Texten übersichtlich dar, z. B. in einer Liste oder einer Mindmap.

Sprache untersuchen

S. 212

Was kannst du schon? – Wortarten und Formen des Verbs

Was ist Science-Fiction?

DIE **GEDANKEN**, DIE MENSCHEN SICH **ÜBER DIE** FERNE ZUKUNFT **GEMACHT HABEN**, SIND **OFT** STOFFE FÜR ROMANE UND FILME. WIE WERDEN WIR WOHL IM NÄCHSTEN JAHRTAUSEND LEBEN? GIBT ES AUßERIRDISCHE? WELCHE ROLLE WERDEN COMPUTER UND ROBOTER IN UNSERER ZUKUNFT SPIELEN? SICHERLICH WAREN **ZAHLREICHEN** AUTOREN UND REGISSEUREN SOLCHE FRAGEN **DURCH** DEN KOPF GEGANGEN, BEVOR SIE DIESE IN **ROMANEN** UND FILMEN VERARBEITETEN, DIE MAN ALS „SCIENCE-FICTION" BEZEICHNET. DER BEGRIFF „SCIENCE" **BEDEUTET** „WISSENSCHAFT" UND „FICTION" BEZEICHNET EINE ERFUNDENE GESCHICHTE.

1. a) Sortiere die fett gedruckten Wörter in die Tabelle ein.
   b) Ergänze für jede Wortart ein weiteres Beispiel aus dem Text.

Nomen (Nominativ Singular)	Artikel	Adjektiv (Positiv)	Adverb	Verb (Infinitiv)	Präposition
(der) Gedanke					

2. Unterstreiche alle Verbformen im Text oben und sortiere sie nach ihrem Tempus in die Tabelle ein:

Präsens	Perfekt	Präteritum	Plusquamperfekt	Futur
	gemacht haben			

3. Markiere je ein Personal-, ein Possessiv-, ein Relativ- und ein Demonstrativpronomen im Text.

Wortarten wiederholen

S. 214

Jules Verne – Erfinder des Science-Fiction-Romans

Ein U-Boot namens Nautilus? Eine **Raumfähre**, die Apollo 11 **heißt**? Ein Spaceshuttle, der als Columbia bekannt wurde? Haben **diese** Namen nicht die Amerikaner erfunden? Tatsächlich war es ein **französischer** Schriftsteller, der sie **erstmals** in seinen spannenden Romanen und Geschichten **über** eine ferne Zukunft verwendete.
Jules Verne schrieb **seine** Geschichten im 19. Jahrhundert. **Damals** konnten die Menschen noch nicht wie heute ins Weltall fliegen, um dort zu forschen, oder mit U-Booten **den** Meeresgrund erkunden.
Deshalb ist es besonders beeindruckend, dass Vernes literarische Erfindungen der **heutigen** Technik oft ziemlich ähnlich sind. Manch andere Science-Fiction-Romane oder -Filme **wirken** nämlich heutzutage etwas lächerlich, weil ihre „Zukunftsvisionen", die früher als modern galten, **heute** längst überholt sind.

1. Wähle von den fett gedruckten Wörtern je drei flektierbare (veränderliche) und drei unflektierbare (unveränderliche) aus und trage sie wie im Beispiel ein.

alle Wörter

flektierbar	nicht flektierbar
ein (Artikel),	

Der geheime Schlüssel zum Universum *Lucy und Stephen Hawking*

Als George zum ersten Mal seine neuen Nachbarn trifft, nimmt sein langweiliges Leben eine aufregende Wendung. Annie und ihr Vater geben George einen geheimen Schlüssel an die Hand, mit dem es ihm gelingt, die Welt aus einer ganz neuen Perspektive zu betrachten: vom Weltall aus! Möglich macht das Erics superintelligenter Computer Cosmos. Und ehe George sich versieht, ist er bereits unterwegs durch die Weiten des Universums. Er sieht Planeten an sich vorüberziehen, erlebt einen Asteroidenschauer und lernt so unser Sonnensystem von einer ganz neuen Seite kennen. Doch leider hat Eric einen alten Widersacher, der es auf Cosmos und dessen unglaubliche Fähigkeiten abgesehen hat. Und plötzlich befinden sich die Freunde in allergrößter Gefahr. Denn: Es gibt nichts Gefährlicheres im Weltraum als ein schwarzes Loch!

2. a) Unterstreiche alle Adjektive im Text.
   b) Stell dir den Text ohne Adjektive vor. Beschreibe kurz, wie er sich dadurch verändert.

Mit Verben Personal- und Zeitformen bilden

S. 218

1 a) Verben sind veränderbar. Man kann sie konjugieren und in verschiedenen Tempusformen verwenden. Ordne die Verbformen aus dem Wortspeicher in die Tabelle ein. Ergänze alle fehlenden Formen.

treffen · geschrieben · besitzt · erlebte · sehen

Infinitiv	Präsens	Präteritum	Partizip II
treffen	trifft	traf	getroffen

b) Schreibe mit den Verben aus Aufgabe a) je einen Satz im angegebenen Tempus.

A **Präsens:** George trifft zum ersten Mal seine Nachbarn.

B **Präteritum:**

C **Perfekt:**

D **Plusquamperfekt:**

E **Futur:**

2 a) Wie lauten die Regeln zur Tempusbildung? Kreuze an, welche Aussagen richtig und welche falsch sind.

		richtig	falsch
A	Das Futur wird gebildet mit dem Präsens von *werden* und dem Partizip II.		
B	Das Präteritum von *verwechseln* heißt in der 1. Pers. Sing. „ich habe verwechselt“.		
C	Das Perfekt wird mit dem Präsens von *haben* oder *sein* und dem Partizip II gebildet.		
D	Das Futur von *erneuern* heißt in der 1. Pers. Sing. „ich werde erneuern“.		
E	Das Partizip II braucht man für die Bildung der Zeitformen Futur, Perfekt und Plusquamperfekt.		
F	Bei der Bildung des Präteritums unterscheidet man starke und schwache Verben.		
G	Das Perfekt von *abreisen* heißt in der 1. Pers. Sing. „ich war abgereist“.		
H	Für die Bildung des Plusquamperfekts braucht man das Partizip II.		

b) Berichtige die falschen Aussagen. Schreibe sie richtig in dein Heft.

3 Sortiere die Verben im Wortspeicher nach starken und schwachen Verben. Bilde dafür zu jedem Infinitiv die Präteritumform und trage beide Formen wie im Beispiel in die Kreise ein.

starke Verben	schwache Verben
finden (fand),	lernen (lernte),

finden · lernen · essen · fragen · stehlen · fangen · folgen · kaufen · lesen

4 Was passierte zuerst, was später? Bilde aus den folgenden Bausteinen Sätze mit der korrekten Zeitenfolge. Nutze Präteritum und Plusquamperfekt entsprechend.

ihn / an den Rollstuhl fesseln / bereits in jungen Jahren / eine Nervenkrankheit / der englische Physiker Stephen Hawking / werden (zu) / einem der weltweit bedeutendsten Wissenschaftler

Obwohl ihn bereits in jungen Jahren eine Nervenkrankheit an den Rollstuhl gefesselt hatte, wurde der englische Physiker Stephen Hawking zu einem der weltweit bedeutendsten Wissenschaftler.

Hawking / veröffentlichen / bereits mehrere wissenschaftliche Bücher / er / beschließen / zusammen mit seiner Tochter Lucy / Science-Fiction-Romane für Kinder und Jugendliche / schreiben

Nachdem ______________________________

____

____

____

sie / mit ihrer gemeinsamen Arbeit / beginnen / Hawking und seine Tochter / beruflich nichts miteinander zu tun haben

Bevor ______________________________

____

____

Aktiv und Passiv wiederholen

S. 220

Die unglaubliche Reise ins Universum

Im zweiten Band der Reihe von Lucy und Stephen Hawking wird beschrieben, wie die Hauptfiguren Annie und George eine Reise durch den Weltraum unternehmen und dabei viele Abenteuer erleben. Im Benutzerhandbuch für das Universum werden Fragen über den Weltraum beantwortet, sodass die Leserinnen und Leser zusätzlich etwas über die Erforschung des Weltraums erfahren. An einigen Stellen des Buches sind farbige Seiten eingefügt, die z. B. Aufnahmen der Planeten zeigen.

1 a) Unterstreiche im Text die Aktivformen rot und die Passivformen blau.
b) Erkläre, worauf im Aktiv- und Passivsatz jeweils die Betonung liegt:

Die Betonung im Aktivsatz liegt auf ______________________,

die Betonung im Passivsatz hingegen liegt auf ______________________.

____

2 Bestimme, ob die folgenden Sätze im Aktiv oder im Passiv stehen, und forme sie in die jeweils andere Form um. Markiere die Sätze wie im Beispiel.

Lucy und Stephen Hawking schreiben erfolgreiche Romane. *(Aktiv)*

Erfolgreiche Romane werden von Lucy und Stephen Hawking geschrieben. (Passiv)

Einige Jugendliche lesen in ihrer Freizeit Bücher über die Zukunft. (____________)

____

Verfilmungen von Jugendbüchern werden von vielen Teenagern angeschaut. (____________)

____

3 Bestimme in den folgenden Sätzen, welche Form benutzt wird: Aktiv, Vorgangs- oder Zustandspassiv?

(1) George bewundert den Weltraumforscher Eric. *(Aktiv)*

(2) Im Benutzerhandbuch für das Universum wird erklärt (______________________),

(3) wie mit Außerirdischen Kontakt aufgenommen wird. (______________________)

(4) Die Weltraumreise der Hauptfiguren ist spannend beschrieben.

(______________________)

Das Passiv in verschiedenen Zeitformen bilden

S. 223

1 Unterstreiche in den folgenden Sätzen die Passivformen. Ordne sie dann der richtigen Zeitform zu. Achtung: Ein Verb steht in der Aktivform.

A	Die Sonde Voyager 1 war 1977 ins All geschossen worden.	Präsens
B	Das äußere Planetensystem wird von der Raumsonde erforscht werden.	Plusquamperfekt
C	Die Raumsonde ist mit einer goldenen Schallplatte ausgestattet worden.	Perfekt
D	Die goldene Schallplatte wird Außerirdischen Informationen über uns liefern.	Präteritum
E	Als Erstes wurde ein Musikstück von Johann Sebastian Bach darauf gespeichert.	Futur I
F	Außerdem werden die Außerirdischen in 55 Sprachen begrüßt.	Futur II
G	Voraussichtlich wird die Mission im Jahr 2026 beendet worden sein.	Aktiv

2 a) Unterstreiche die Passivformen im folgenden Text.
b) Schreibe für die Aktiv- und Passivformen das Tempus in die Klammern.

Wie wird sich das Leben auf der Erde durch die Klimaerwärmung verändern? (______________)?

Dieser Frage wird in dem Roman „2084. Noras Welt" von Jostein Gaarder nachgegangen (______________). Die 16-jährige Nora wurde im Traum von ihrer Urenkelin Nova ermahnt (______________), weil die Menschen zu sorglos mit der Natur umgegangen sind (______________).

c) Ergänze die Passivformen im angegebenen Tempus.

Zahlreiche Tierarten ______________ über die Jahre ______________ (ausrotten, Präteritum), obwohl die Menschen schon lange von Klimaexperten ______________________________ (warnen, Plusquamperfekt). Nora hat eine App auf ihrem Smartphone, die immer eine Meldung gibt, wenn wieder eine Tierart endgültig ____ (auslöschen, Perfekt).

Teste dich! Wortarten unterscheiden und Formen des Verbs richtig verwenden

1 Bestimme die Wortarten der fett gedruckten Wörter und trage sie in Klammern ein. Nutze den Wortspeicher.

Jene (________________) Schülerinnen und Schüler, **die** (________________) **den** (________) **mit** (____________) **zahlreichen** (____________) Preisen ausgezeichneten **Roman** (________) „2084. Noras Welt" gelesen haben, **äußern** (________) sich zu **ihrem** (________________) Leseerlebnis.

Verb · Nomen · Artikel · Adjektiv · Demonstrativpronomen · Relativpronomen · Possessivpronomen · Präposition

2 a) Sortiere die Verbformen aus dem Wortspeicher nach ihrer Zeitform in die erste Zeile der Tabelle ein.
b) Prüfe, ob es sich um starke oder schwache Verben handelt. Bilde dazu die Präteritumform und schreibe sie in die zweite Zeile. Unterstreiche starke Verben rot und schwache Verben grün.

Präsens	Perfekt	Plusquamperfekt	Futur

wird arbeiten · entwickelt · hat geschrieben · hatten gesehen

3 Ergänze die Satzanfänge mithilfe der Stichpunkte zu vollständigen Passivsätzen im angegebenen Tempus. Achtung: In jedem Satz ist ein Wort zu viel angegeben. Streiche es durch.

Präsens: gewarnt / von Klimaforschern / werden / ~~wurden~~ / die Menschen

Bereits heute werden die Menschen von Klimaforschern gewarnt.

Perfekt: worden / waren / sind / den Menschen / schon / verdeutlicht / die Folgen der Klimaerwärmung

Im Roman ________________

____

Präteritum: doch / wurden / schließlich / sind / gewarnt

Warum waren die Menschen so unbekümmert? Sie ________________

____

Plusquamperfekt: war / dass / worden / ist / zerstört / vor hundert Jahren / die Natur / noch nicht / so sehr

Ich wusste nicht, ________________

____

Den Konjunktiv II bilden und verwenden

S. 226

1 Ergänze in der Tabelle die fehlenden Verbformen. Baue mit dem Präteritum eine „Brücke" zum Konjunktiv II.

	Infinitiv	1. Pers. Singular Präsens	1. Pers. Singular Präteritum	1. + 2. Pers. Singular Konjunktiv II
1	sehen	ich sehe	ich sah	ich sähe, du sähest
2	geben			
3	reiten			
4	fliegen			
5	haben			

2 Vollende die folgenden Sätze in deinem Heft. Achte auf die korrekte Verwendung des Konjunktivs II.

Wenn ich Schriftsteller/-in wäre, schriebe ich spannende Romane.
Wenn du Zauberer/-in wärest, …
Wenn er/sie fliegen könnte, …
Wenn wir in die Zukunft schauen könnten, …
Wenn ihr Wünsche erfüllen könntet, …
Wenn sie in der Zeit reisen könnten, …

3 Setze im folgenden Text die Verben im Konjunktiv II in die Lücken ein.

Im Reich der Fantasy

Wenn dich jemand ins Reich der Fantasy ____________ (entführen), ____________ (finden) du dich inmitten von fremdartig anmutenden Gestalten wieder. Vielleicht ____________ (sprechen) sie eine fremde Sprache oder ____________ (reiten) auf magischen Tieren.

4 Der folgende Text klingt verwirrend, weil die verwendeten Formen des Konjunktivs II den Präteritumformen gleichen. Ersetze diese Formen durch „würde"-Umschreibungen. Schreibe in dein Heft.
Achtung: Es gibt eine „echte" Präteritumform. Umkreise sie.

Der Autor J. R. R. Tolkien, der „Der Herr der Ringe" verfasste, gilt als Vater des modernen Fantasy-Romans. Wenn wir uns mit ihm unterhielten, was erzählte er uns wohl? Wie beurteilte er heutige Fantasy-Romane, die so unterschiedlich sein können wie „Die Tribute von Panem" und die „Silber"-Reihe von Kerstin Gier? Sagte er vielleicht sogar, dass es schon lange vor ihm fantastische Literatur gegeben habe?

5 Schreibe über deine eigene Fantasy-Welt. Verwende dabei Verbformen im Konjunktiv II. Schreibe in dein Heft.

Wenn ich eine Fantasy-Welt erfinden könnte, gäbe es dort …

Der Konjunktiv I und II in der indirekten Rede

S. 230

1 a) Unterstreiche den Wortstamm bei folgenden Verben: *können, fliegen, sein, träumen, bauen, erfinden*.
b) Bilde mit jedem Verbstamm und den Konjunktivendungen im Wortspeicher eine Konjunktiv-I-Form. Nutze jede Personenendung einmal.
c) Bilde zu jeder Form im Konjunktiv I die entsprechende Form im Konjunktiv II.

-e/- • -est • -e/- • -en • -et • -en

Konjunktiv I	Konjunktiv II
ich könne	*ich*
du	*du*
er/sie/es	*er/sie/es*
wir	*wir*
ihr	*ihr*
sie	*sie*

2 a) Wandle die folgende wörtliche Rede in deinem Heft in die indirekte Rede um. Gehe so vor:
– Unterstreiche die finiten Verbformen und die Pronomen in der direkten Rede.
– Bilde die entsprechenden Formen des Konjunktivs I und ändere die Pronomen.

Interview mit Wolfgang Hohlbein

Wolfgang Hohlbein ist der meistgelesene deutschsprachige Fantasy- und Science-Fiction-Autor. Im folgenden Ausschnitt aus einem Interview erzählt er davon, woher er die Ideen für seine Bücher nimmt.

„Das ist ganz unterschiedlich. Vieles ist einfach da. Eine große Quelle für meine Ideen sind zum Beispiel Bilder. Ich schaue mir gerne Bilder an. Oft fallen mir dann spontan kleine Geschichten dazu ein, die mit den Bildern auch manchmal gar nichts zu tun haben. Das ist nur der Auslöser. Und vieles entsteht tatsächlich aus dem richtigen Leben. Das sind kleine Dinge, die ich sehe oder erlebe. Die bringen aber auch den Stein wieder nur ins Rollen. Ich setze mich auch nicht hin und denke mir eine Geschichte von A bis Z aus. Meistens habe ich eine ungefähre Ausgangssituation und eine Vorstellung davon, worauf das Ganze hinauslaufen soll. Die Story selbst entwickelt sich beim Schreiben."

Auf die Frage, woher er die Ideen für seine Bücher nehme, antwortet Wolfgang Hohlbein, dass das ganz unterschiedlich sei. …

b) Überprüfe: An welchen Stellen unterscheidet sich die Form des Konjunktivs I nicht vom Indikativ? Bilde hier den Konjunktiv II als Ersatzform und überarbeite diese Textstellen in deinem Heft.

Indirekte Rede mit Gebrauch des Konjunktivs I	Indirekte Rede mit Gebrauch des Konjunktivs II
Oft fallen ihm dann spontan kleine Geschichten dazu ein, die … ⟶ nicht eindeutig	*Oft fielen ihm dann spontan kleine Geschichten dazu ein, die …* ⟶ eindeutig

Teste dich! **Bildung und Verwendung von Konjunktiv I und II**

1 a) Entscheide, welche der beiden Formen im Konjunktiv II die richtige ist, und unterstreiche sie. Begründe deine Entscheidung, indem du die „Brücke" über die 1. Person im Präteritum bildest.
b) Bilde zu jeder Form im Konjunktiv II die entsprechende Form im Konjunktiv I.

Infinitiv	Konjunktiv II	„Brücke"	Konjunktiv I
fallen	du fieltest/fielest		
gleichen	ich gleichte/glich		
fangen	wir fängen/fingen		
trinken	sie trunken/tränken		
gehen	er ginge/gehe		

2 Lies die beiden Aussagen zum Thema „Science-Fiction-Literatur". Wähle diejenige Aussage aus, der du mehr zustimmen kannst, und forme sie in deinem Heft in die indirekte Rede um. Beginne so:

Moritz findet Science-Fiction-Literatur gut. Er ist der Meinung, dass … / Lisa lehnt Science-Fiction-Literatur ab. Sie findet, dass …

„Es gibt nichts Spannenderes als Science-Fiction-Literatur! Wenn ich einen guten Science-Fiction-Roman in der Hand habe, vergesse ich alles um mich herum. Für mich ist das Buch dann gut, wenn ich mich in die Hauptfigur hineinversetzen kann. Ich lasse mich gern von den verrückten Ideen und Wendungen in der Handlung überraschen. Das Besondere an Science-Fiction ist für mich, dass oft besondere Geräte und Maschinen eine Rolle spielen, die es z.B. ermöglichen, durch die Zeit zu reisen." (Moritz)

„Es gibt wirklich interessantere Bücher als Science-Fiction-Literatur. Ich lese viel lieber Sachbücher – was da drinsteht, stimmt auch wirklich. Science-Fiction ist mir zu abgedreht, die Handlung kann ich meistens gar nicht nachvollziehen. Ich finde es auch nicht gut, dass sich ein Science-Fiction-Autor praktisch alles ausdenken kann, ohne auf den Bezug zur Wirklichkeit zu achten. Die Idee einer Zeitreise-Maschine ist doch total abwegig." (Lisa)

Den Satzbau wiederholen

S. 240

Was kannst du schon? – Die Gliederung des Satzes

Satzklammer

	Vorfeld	Linke Satzklammer: finiter Prädikatsteil	Mittelfeld	Rechte Satzklammer: 2. Teil des Prädikats
A	Im Deutschen			
B				
C				
D				

1 a) Trage die folgenden Sätze in das Feldermodell ein. Achtung: Einzelne Felder können unbesetzt bleiben.

A Im Deutschen kennen wir viele Heldensagen.
B Deren Erforschung ist von den Brüdern Grimm übernommen worden.
C Viele Sagenmotive verließen ihren Entstehungsort.
D Sie wurden durch Um- und Abwandlungen im ganzen Land bekannt.

b) Bestimme die Satzglieder der Sätze C und D mithilfe der Frageprobe. Notiere die Ergebnisse jeweils in der Spalte darunter.

2 Kreuze die richtige(n) Antwort(en) an:

Ein Satzglied ist …

- ☐ alles, was man ins Vorfeld eines Satzes stellen kann.
- ☐ mit der Umstellprobe zu ermitteln.
- ☐ ein einzelnes Wort in einem Satz.
- ☐ immer ein Nomen.

Satzglieder bestimmen

Woher kommt der Begriff *Mut*?

Das Wort *Mut* stammt von der indogermanischen Silbe *mo* (1) und bedeutet so viel wie *sich mühen* oder *nach etwas streben.* Im Mittelalter (2) wurde diese Tugend besonders den Rittern zugeordnet, die mutig ihr Leben dem Kampf (3) für die Interessen ihres Lehnsherrn widmeten.

Heute wird der Begriff eher als die Bereitschaft verstanden, sich für eine richtige und notwendige Sache einzusetzen. Eventuell kann man (4) dabei auch selber in Gefahr geraten. Vielleicht lässt sich der Begriff deswegen ebenso in den Kombinationen *Übermut* oder auch *Hochmut* wiederfinden, die beide die Gefahr von *Mut* darstellen. Meistens sprechen wir jedoch heute von *Zivilcourage*, wenn man eine Gefahr oder ein Risiko (5) auf sich nimmt, um jemand anderem zu helfen.

Subjekt – Wer oder was? ☐

Präpositionalobjekt – Wofür? Womit? Wovon? 1

Dativobjekt – Wem? ☐

Akkusativobjekt – Wen oder was? ☐

Adv. Bestimmung der Zeit – (Seit) wann? Wie lange? ☐

1 a) Bestimme die im Text markierten Satzglieder, indem du wie im Beispiel die jeweilige Nummer bei der richtigen Bezeichnung einträgst.
b) Unterstreiche im Text je ein (weiteres) Dativobjekt (grün), Akkusativobjekt (rot) und Präpositionalobjekt (blau).

Mutig – ich?

„Leider hatte ich keine Zeit, stehen zu bleiben und dem anderen Jungen zu helfen.“ – „Wenn sich andere auf dem Schulhof prügeln, kann ich doch sowieso nicht richtig helfen – ich bin doch gar nicht so stark.“ Vielleicht hast du auch schon einmal ähnliche „Ausreden“ verwendet, warum du nicht helfen konntest. Aber meistens ist es gar nicht schwer, sich für ein gutes Miteinander an deiner Schule oder in deiner Stadt einzusetzen. Du alleine musst nicht immer die Welt retten, manchmal hilft es schon, andere auf die Situation aufmerksam zu machen oder Hilfe zu holen. So kannst du zum Beispiel mit deinem Handy die Polizei anrufen, damit schnell Hilfe kommt. Vor Angst oder aus Unsicherheit nicht zu helfen, kann Menschenleben kosten.

2 a) Unterstreiche alle adverbialen Bestimmungen im Text.
b) Bestimme die adverbialen Bestimmungen und trage sie in die entsprechende Spalte in der Tabelle ein.

Adverbiale Bestimmung der Zeit (temporal): *(Seit) wann? Wie lange?*	Adverbiale Bestimmung des Ortes (lokal): *Wo? Wohin?*	Adverbiale Bestimmung des Grundes (kausal): *Warum? Weshalb?*	Adverbiale Bestimmung der Art und Weise (modal): *Wie?*
	auf dem Schulhof (Z. 1–2)		

Vom Attribut zum Attributsatz/Relativsatz

S. 250

Schüler helfen als „Helden des Alltags“

„Das können meine Schüler einfach nicht!“ Wenn die Lehrer an der Hartmann-Baumann-Schule, einer Gesamtschule in Hockenheim, sich an diesem Ausspruch orientiert hätten, dann wäre das lange geplante Projekt gleich zu Beginn zum Scheitern verurteilt gewesen. Mit großem Engagement und Enthusiasmus wurde dennoch das Programm „Helden des Alltags“ an dieser Schule ins Leben gerufen, das die Schülerinnen und Schüler zu größerem Leistungs- und Selbstbewusstsein anspornen will. Viele der Schülerinnen und Schüler nehmen an diesem Programm teil, welches zum Beispiel einen Einsatz im Altenheim vorsieht. Hier lernen sie im Umgang mit den alten Menschen, wie anstrengend der Pflegeberuf sein kann, erleben aber auch die positiven Aspekte, die diesen Beruf auszeichnen.

1 a) Suche die angegebene Anzahl an Beispielen für folgende Attribute im Text und trage sie in die Tabelle ein.

Art des Attributs	Beispiel
Adjektivattribut (3)	großem (Z. 4),
Partizip als Attribut (1)	
Präpositionales Attribut (2)	
Genitivattribut (1)	
Apposition (1)	
Pronominalattribut (2)	

b) Wähle zwei Attribute aus Aufgabe a) aus und forme sie zu Attributsätzen/Relativsätzen um. Schreibe in dein Heft. Du kannst die Sätze wie im Beispiel abkürzen.

Präpositionales Attribut: Wenn die Lehrer an der Hartmann-Baumann-Schule …

→ Attributsatz/Relativsatz: Wenn die Lehrer, die an der Hartmann-Baumann-Schule unterrichten, …

c) Unterstreiche alle Relativsätze im Text oben und umkreise das einleitende Relativpronomen.

2 Forme die folgenden Relativsätze in Attribute um.

Die Schüler, die sich freiwillig an diesem Projekt beteiligen, verdienen besondere Anerkennung.

Die sich freiwillig beteiligenden Schüler verdienen besondere Anerkennung.

Der Beruf des Altenpflegers, welcher körperlich anstrengend ist, wird den Schülerinnen und Schülern so nahegebracht.

Nebensätze als Satzglieder: Adverbialsätze

S. 252

Superhelden – Gibt es die wirklich?

Heute kennt sie fast jedes Kind: Superman, Spiderman oder Batman. Sie haben unglaubliche, übermenschliche Fähigkeiten und sind meist besonders mutig und tapfer. Oftmals scheinen sie so heldenhaft, dass wir uns einen solchen Superhelden an unserer Seite im Alltag wünschen. Zu unserer Unterstützung und Hilfe könnten wir sie gut gebrauchen. Trotz dieses berechtigten Wunsches gibt es solche Superhelden aber nur im Kino oder im Fernsehen. Dennoch haben manche Menschen Superkräfte: David Huxley aus Australien kann zum Beispiel eine 200 Tonnen schwere Boeing mit all seiner Kraft in 1½ Minuten fast 100 Meter weit ziehen. Wegen dieser Superkräfte wird er deshalb von einigen als stärkster Mann der Welt bezeichnet.

1 a) Markiere die adverbialen Bestimmungen im Text.
b) Trage die adverbialen Bestimmungen entsprechend ihrer Funktion in die Tabelle ein.
c) Anstelle einer adverbialen Bestimmung findest du in einem Fall nur einen Adverbialsatz. Trage ihn in die Tabelle ein.
d) Formuliere die blau unterlegten adverbialen Bestimmungen wie im Beispiel in Adverbialsätze um.

Adverbiale Bestimmung	Beispiel aus dem Text
Temporal (Zeit) *(Seit) wann? Wie lange?*	
Lokal (Ort) *Wo? Wohin?*	
Kausal (Grund) *Warum? Weshalb?*	Wegen dieser Superkräfte (Z. 12–13) → Da er Superkräfte zu haben scheint, wird er von einigen als stärkster Mann der Welt bezeichnet.
Konsekutiv (Folge) *Mit welcher Folge?*	
Final (Absicht, Zweck) *Zu welchem Zweck?*	
Modal (Art und Weise) *Wie?*	
Konzessiv (Einräumung) *Trotz welchen Umstandes?*	

Nebensätze als Satzglieder: Subjekt- und Objektsätze

S. 255

1 Kreuze an, welches Satzglied durch den unterstrichenen Nebensatz ersetzt wird.

		Subjekt	Objekt
A	Entscheidend ist, <u>dass man nicht für sich selbst handelt.</u>		
B	<u>Ob man Zivilcourage hat</u>, zeigt sich erst in einer brenzligen Situation.		
C	Ich finde es nicht richtig, <u>dass du nicht geholfen hast</u>.		
D	<u>Dass einem selbst auch in gefährlichen Situationen geholfen wird</u>, ist Antrieb für viele mutige Helden.		

2 Bestimme, ob es sich bei den unterstrichenen Nebensätzen um Subjekt- oder Objektsätze handelt. Wandle sie in ein passendes Subjekt bzw. Objekt um.

A Ich wünsche mir, <u>dass mir in Notsituationen geholfen wird</u>. *(Objektsatz)*

Ich wünsche mir Hilfe in Notsituationen.

B Ich konnte nicht verstehen, <u>dass die Leute weitergehen</u>. (____________________)

____

C <u>Dass mir Hilfe verweigert wurde</u>, hat mich hart getroffen. (____________________)

____

3 Wandle die unterstrichenen Satzglieder in einen passenden Subjekt- oder Objektsatz um.

A Viele Opfer bezeugen <u>schnelle Hilfe in einer Notsituation</u>.

Viele Opfer bezeugen, dass ihnen in einer Notsituation schnell geholfen wurde.

B <u>Die Notwendigkeit von Zivilcourage im täglichen Leben</u> ist offensichtlich.

Es ist offensichtlich,

____

C Die Polizei betont <u>die Wichtigkeit von Zivilcourage und Hilfsbereitschaft</u>.

____

____

Teste dich! Den Satzbau wiederholen

1 a) Beschrifte die Tabelle zum **Feldermodell** mithilfe der Begriffe aus dem **Wortspeicher**. Zeichne auch die **Satzklammer** über der Tabelle ein:

A				
B				
C				
D				

finiter Prädikatsteil • Satzklammer • Vorfeld • Mittelfeld • zweiter Teil des Prädikats

b) Trage die folgenden deutschen Sprichwörter in das Feldermodell ein.

A Mut steht am Anfang des Handelns. (______)

B Übermut tut selten gut. (______)

C Hochmut kommt vor dem Fall. (______)

D Den toten Löwen kann jeder Hase an der Mähne zupfen. (______)

c) Prüfe, welche Sätze aus Aufgabe b) aus folgenden Satzgliedern aufgebaut sind. Trage die Zahl jeweils in die Klammer ein. Achtung: Nur zwei der drei Satzglied-Reihenfolgen sind tatsächlich vorhanden.

1 Subjekt – Prädikat – Adv. Best. der Zeit – Adv. Best. der Art und Weise
2 Akkusativobjekt – Prädikat – Subjekt – Adv. Best. des Ortes – Prädikat
3 Subjekt – Prädikat – Adv. Best. der Zeit

2 Ordne die unterstrichenen **Gliedsätze** ihrer jeweiligen **Funktion** zu.

A	Viele der Superhelden, die wir bis heute verehren, haben auch einen wunden Punkt.	Temporalsatz
B	Als Zuschauer oder Leser müssen wir dann miterleben, dass unser Held verletzt wird oder sogar stirbt.	Konsekutivsatz
C	Bei Siegfried beispielsweise fiel ein Blatt vom Baum, während er im Drachenblut badete.	Subjektsatz
D	Es landete auf seinem Rücken, sodass er an dieser Stelle verwundbar war.	Attributsatz/Relativsatz
E	Wenn ihn dort z. B. ein Speer treffen würde, war er verwundbar wie jeder andere.	Konditionalsatz
F	Dass sein Erzfeind Hagen von der verwundbaren Stelle wusste, wurde Siegfried zum Verhängnis.	Objektsatz

Rechtschreibregeln und -strategien anwenden

S. 266

Was kannst du schon?

Vorschulkinder wollten Jaguar kaufen

Achtung, Fehler!

Zwei Fünfjärige in Rußland sind durch einen selbst gegrabenen Tunel aus ihrem kindergarten ausgebüchst – und haben anschliesend versucht, einen Jaguar zu kaufen. Die Beiden jungen hätten merere Tage lang mit Sandschaufeln einen kleinen Tunel aus ihrem kindergarten in Magnitogorsk im Ural gegraben und seien dann angeblich ausgebüchst, berichtet die Tageszeitung Komsomolskaja Prawda.

Danach seien die jungen zwei Kilometer biss zu einem Luxusautohendler marschirt, wo sie sich einen Jaguar kaufen wollten. Einer Pasantin kamen demnach Zweivel, als sie die Beiden Kinder bei dem Autohendler sah. Sie habe die Außreiser sofort zur Polizei gebracht, die inzwischen von der Kindergartenleiterin über das fehlen der Kinder informiert worden wahr.

Die Erzieerin der jungen hatte offenbahr nicht gemerckt, das ihre Schuzzbefohlenen fehlten, zitierte die Zeitung Kolegen der Kindergärtnerin. Nach Angaben der Örtlichen behörden wurde die Frau endlassen.

1. Eine fehlerhafte Zeitungsmeldung! Unterstreiche die Fehler im Text und schreibe die korrigierten Wörter in die Tabelle. Wende dabei bekannte Rechtschreibstrategien wie z. B. die Ableitungsprobe an.

Groß- und Kleinschreibung	Wortschreibung	
(aus ihrem) Kindergarten	Russland (Rus-sen)	

2 Dehnungs-h oder nicht? Sortiere die Wörter aus dem Wortspeicher. Überprüfe deine Entscheidung mit dem Rechtschreibwörterbuch.

fro?ren · dä?mlich · Ru?m · Aufru?r · jo?len · gebä?ren · Krü?mel · Sa?ne · Le?m · Le?ne · Dra?ma · Cre?me · beque?m · Ma?lzeit · Hö?le · Fo?len · Se?ne · gehö?ren · Kro?ne · Nadelö?r · Mä?ne · Qua?len · beza?len · spü?len · zä?men · verpö?nt · Schnü?re · spü?ren · Ka?n · Trä?ne

Dehnungs-h:

Kein Dehnungs-h:

3 Finde jeweils mindestens fünf verwandte Wörter und entscheide über ss oder ß.

gerissen: Riss, reißen,

schließen:

das Maß:

4 chs, cks, oder x? Schreibe die Wörter richtig auf und kreise das Wort ein, dessen Schreibung abweicht.

wa?en – fa?en – Sa?en wachsen – faxen – Sachsen

kni?en – mi?en – Ni?en

Wa? – Kla? – La?

A?eln – kra?eln – wa?en

Regeln und Strategien zur Groß- und Kleinschreibung wiederholen

S. 268

1 Entscheide über die Groß- oder Kleinschreibung, indem du überprüfst, wo du mit Artikeln, Adjektivattributen und anderen Begleitwörtern erweitern kannst.

(1) heutzutage leben alte immer länger

(2) warum mauern unbekannte immer wieder tür von s-bahn zu?

(3) sensation – astronomen entdecken neuen planeten

(4) erneut angst vor grippewelle

(5) schwindet ansehen von banken?

(6) häufig sorgen freiwillige für flüchtlinge

(7) wurden zeugen mit drohen zum schweigen gebracht?

(8) klärungsbedarf beim für und wider von schnellstraße

(9) wahl: strafen wähler etablierte ab?

(10) abermals strafen zur bewährung von gericht verhängt

(1) Heutzutage leben (gesunde) Alte immer länger.

(2) ______

(3) ______

(4) ______

(5) ______

(6) ______

(7) ______

(8) ______

(9) ______

(10) ______

2 Suche drei der unbestimmten Zahlwörter aus dem Wortspeicher aus, ergänze jeweils ein Adjektiv und bilde einen Satz wie im Beispiel.

alles · einiges · genügend · kaum · manches · nichts · viel · wenig

Wir wünschen dir alles Gute zum Geburtstag!

______

______

Bibermanager gesucht

brandenburg will befristet zwei bibermanager einstellen. sie sollen sich vor allem um das vermeiden und beseitigen von schäden kümmern, die die unter schutz stehenden tiere anrichten. die stellen seien im internet ausgeschrieben, sagte der abteilungsleiter für wasser- und bodenschutz im agrarministerium, kurt augustin. in brandenburg leben mittlerweile gut 3000 biber, ein drittel des gesamtbestandes in deutschland. vor einem vierteljahrhundert waren sie noch vom aussterben bedroht. seit 1. mai gilt in brandenburg eine verordnung, die in ausnahmefällen das abschießen von bibern erlaubt. aber bevor es zum äußersten kommt, sollen tiere, die schäden verursachen, eingefangen und umgesiedelt werden.

biber machen sich immer wieder an deichen und dämmen zu schaffen. ihre bauten stauen mancherorts gewässer, sodass dort keller und felder unter wasser stehen. die frist für die einsendung der bewerbungsunterlagen läuft bis 5. Juni. die neuen biberbeauftragten sollen bis zum 1. juli ihre arbeit aufnehmen. zunächst sind die stellen auf ein jahr befristet, mit aussicht auf verlängerung um ein weiteres jahr. aus dem landeshaushalt werden 90 000 euro pro jahr bereitgestellt.

3 Unterstreiche in der Zeitungsmeldung Nomen und Nominalisierungen, die du an den bekannten Nomensignalen oder mithilfe der Erweiterung durch Begleitwörter erkennen kannst.
Achte auch auf Satzanfänge und Eigennamen.

4 Schreibe den zweiten Absatz des Textes (Z. 8–13) in richtiger Groß- und Kleinschreibung in dein Heft.

5 Entscheide, ob die Zeitangaben im folgenden Text groß- oder kleingeschrieben werden müssen, und übertrage ihn dann richtig in dein Heft. Achte auch auf Getrennt- oder Zusammenschreibung.

Mit der Zeitungsbotin unterwegs

Unsere Zeitungsbotin hat zwei Jobs. Sie trägt NACHTS oder sehr früh MORGENS die Zeitungen aus. Wenn die Zeitungen noch am ABEND aus der Druckerei kommen, kann sie ihre Runde schon vor MITTERNACHT beginnen. Das ist häufig SAMSTAGS der Fall, sodass die Zeitungsbotin am SONNTAG?MORGEN ausschlafen kann. Von MONTAG bis FREITAG steht sie um drei Uhr in der FRÜHE auf. Wenn sie heimkommt, weckt sie die Kinder und macht das Frühstück. Den VORMITTAG über arbeitet sie in einem Supermarkt. In der Regel hat sie SAMSTAGS?VORMITTAGS frei. Wenn die Kinder WOCHENTAGS MITTAGS oder am NACHMITTAG aus der Schule kommen, ist sie zu Hause. Die Müdigkeit überkommt sie meistens schon früh am ABEND, sodass sie mit den Kindern ins Bett geht. So ist sie für ihre Runde am frühen MORGEN wenigstens einigermaßen ausgeschlafen.

Getrennt- und Zusammenschreibung

S. 272

Getrennt oder zusammen?

Radfahrerinstürzte,alshundsieansprang

Einevierzehnjährigeschülerinstürzteammittwoch morgengegenachtuhrimparkandermühlenstraße, alseinhund,dernichtangeleintwar,sielautbellend ansprang.Beiihremsturzverletztesiesichamknie. Diehundehalterinentferntesichohneangabeihrer personalienvomunfallort.

1 a) Suche in den Zeitungsmeldungen die Wortgrenzen und kennzeichne sie mit Schrägstrichen.
b) Berichtige die Zeitungsmeldung, indem du sie unter Einhaltung der Wortgrenzen und in richtiger Groß- und Kleinschreibung abschreibst.

c) Einzelne Wörter werden im Deutschen grundsätzlich getrennt geschrieben. Du kennst aber auch Wörter, die aus zwei oder mehreren Wörtern zusammengesetzt sind. Suche sie im obigen Text und notiere sie hier.

Radfahrerin,

2 Bilde weitere zusammengesetzte Wörter aus den angegebenen Wortarten.

Nomen + Nomen	Adjektiv + Nomen	Nomen + Adjektiv	Adjektiv + Adjektiv	Verb + Nomen
Hausschlüssel	Kaltgetränk	todtraurig	dunkelrot	Rennbahn

Verbindungen aus Nomen + Verb richtig schreiben

1 Prüfe wie im Beispiel mit der Umstellprobe, ob du die Verbindungen aus Nomen + Verb getrennt oder zusammenschreiben musst.

Kuchen + backen: Ich backe Kuchen. (richtig → getrennt)

Hand + haben: Ich habe Hand. (falsch → richtig: Ich handhabe … → zusammen)

Schluss + folgern: ______

Schlittschuh + laufen: ______

Brand + marken: ______

Schlaf + wandeln: ______

Maß + regeln: ______

2 Setze die im Wortspeicher angegebenen Verbindungen aus Nomen + Verb in der richtigen Form ein.

Stimmt's?

A Viele möchten ______, weil sie dadurch die Umwelt schützen wollen. Allerdings ist das ______ in Mitteleuropa, wo genug Trinkwasser vorhanden ist, gar nicht notwendig.

B Die meisten Menschen haben beim ______ an der Supermarktkasse das Gefühl, dass es an den anderen Kassen immer schneller vorangeht und sie deshalb an der falschen Kasse ______. Tatsächlich geht es an manchen Schlangen schneller und an anderen langsamer vorwärts. Das ist aber Zufall.

C Es heißt immer, dass man ______ nicht verlernen kann. Untersuchungen zeigen, dass man auch nach vielen Jahren Unterbrechung durchaus noch ______ kann, aber beispielsweise nicht mehr alle Tanzschritte, die man einmal gelernt hat.

D Einige behaupten, dass Kühe mehr Milch geben, wenn sie angenehme ______. Und tatsächlich ist es einer Versuchsanstalt in Schleswig-Holstein gelungen, den Milchertrag von Kühen durch das ______ und andere Annehmlichkeiten für die Kühe zu steigern.

Wasser sparen / Wassersparen · Schlange stehen / Schlangestehen · Fahrrad fahren / Fahrradfahren · Musik hören / Musikhören

3 Die Verbindungen von Nomen + Verb im folgenden Wortspeicher werden immer zusammengeschrieben, wenn Nomen und Verb im Satz direkt nebeneinanderstehen. Stehen sie im Satz getrennt, schreibt man das Nomen klein.

a) Ergänze die folgenden Satzpaare wie im Beispiel.

b) Bilde mit den drei übrigen Nomen-Verb-Verbindungen im Wortspeicher ähnliche Satzpaare und schreibe sie auf die Leerzeilen unten.

A Ich kann mehrere Minuten lang *kopfstehen*. Meine Mutter *stand* wegen der Vorbereitung unserer Sommerreise auch tagelang *kopf*, allerdings nur im übertragenen Sinn.

B Ich würde gerne an der Theater-AG ____________________. Ich hoffe, du ____________________ auch ____________________.

C Wir gehen heute ____________________. Ich ______________ im Winter lieber ______________ als Ski.

D Es ist schon spät. Lass uns ____________________. Meine Eltern ______________ jetzt auch ______________.

E Streunende Katzen müssen einem nicht ____________________, wenn sie genügend Futter haben. Aber Katzen, die die Wohnung nicht verlassen dürfen, ____________ mir ______________.

F ____

____

G ____

____

H ____

____

eislaufen · teilnehmen · leidtun · kopfstehen · heimgehen
irreführen · preisgeben · stattfinden

4 Manche Schreibungen sind nicht logisch. Schreibe einen kleinen (Unsinns-)Text mit den Wörtern aus folgendem Wortspeicher in dein Heft.

Gestern habe ich an der Kasse im Supermarkt lange Schlange gestanden. Dabei hätte ich am liebsten kopfgestanden. …

kopfstehen · eislaufen · heimfahren ABER Schlange stehen · Ski laufen · Rad fahren

Verbindungen aus Präposition + Verb richtig schreiben

1 Bilde mit den Präpositionen und den Verben aus dem Wortspeicher neue Verben. Schreibe in dein Heft.

ablaufen, abfahren, …

Präpositionen: ab- · an- · auf- · aus- · bei- · ein- · entgegen- · gegenüber- · hinter- · mit- · nach- · vor- · wider- · zuwider

Verben: laufen · fahren · spielen · treten · halten · handeln · stehen · gehen · fragen · fordern · werfen · sprechen

2 Wähle vier Verben, die du in Aufgabe 1 gebildet hast, aus und formuliere Sätze nach folgendem Muster:

Das Wasser kann nicht ablaufen. → *Das Wasser läuft nicht ab.*

____

____

____

____

3 Ergänze die folgende Tabelle wie im Beispiel.
Kreuze an, ob es sich jeweils um feste oder unfeste Verbindungen von Präposition und Verb handelt.

Probe				Verbindung	
Infinitiv	Partizip II	Nebensatz	Hauptsatz	fest	unfest
ablaufen	*abgelaufen*	*…, weil das Wasser nicht abläuft.*	*Das Wasser läuft nicht ab.*		*X*
untergehen					
untersuchen					
durchfahren					
durchqueren					

Verbindungen aus Adverb + Verb richtig schreiben

1 Bilde mit den Adverbien aus dem ersten Wortspeicher und den Verben aus dem zweiten Wortspeicher vier zusammengesetzte Verben und verwende sie wie im Beispiel.

auseinander- · davon- · dazu- · dazwischen- · heraus- · hinein- · hinaus- · hindurch- · nebenher- · rückwärts- · umher- · voran- · voraus- · vorbei- · vorweg- · weg- · weiter- · wieder- · zurück- · zusammen- · zuvor-

kommen · laufen · gehen · sagen · geben · schreiben

Du kannst aus dem Versteck herauskommen. Ich komme aus dem Versteck heraus.

____

____

____

____

2 Getrennt oder zusammen? Auf die Betonung kommt es an.
a) Sprich die Sätze und kennzeichne die Betonung(en) mit Akzenten.
b) Erkläre mit einem Ersatzausdruck die jeweilige Bedeutung der Verbindung.
c) Schreibe die Sätze in der richtigen Schreibung auf.

A Zwei Flüssigkeiten sind **zusámmen?gelaufen**. (*haben sich vermischt*)
Zwei Flüssigkeiten sind zusammengelaufen.

B Wir sind beim Training **zusammen?gelaufen**. (______________________)
____

C Ich hatte bei der Theaterprobe nichts zu tun und habe nur **dabei?gestanden**. (______________________)
____

D Da es bei der Probe keine Stühle gab, habe ich **dabei?gestanden**.(______________________)
____

E Für den Schaden musst du **gerade?stehen**. (______________________)
____

F Wir sollen beim Gedichtvortrag **gerade?stehen**. (______________________)
____

Verbindungen aus Adjektiv + Verb richtig schreiben

1 Entscheide auch in den folgenden Sätzen mithilfe der Betonungs- und Bedeutungsprobe, ob die Wortverbindungen aus dem Wortspeicher getrennt oder zusammengeschrieben werden.

A Eva hat ihre beste Freundin vor allen anderen (**schlécht?machen**) schlechtgemacht.

B Er wird den Zaubertrick so (**schlécht?máchen**) schlecht machen, dass alle ihn durchschauen.

C Der Richter will die Angeklagte (**frei?sprechen**) ____________________.

D Beim nächsten Referat werde ich (**frei?sprechen**) ____________________.

E Meine Oma möchte mir 100 Euro (**gut?schreiben**) ____________________.

F Wenn ich eine Arbeit (**gut?schreiben**) ____________________, bekomme ich manchmal eine Belohnung.

G Der Termin für den Wandertag sollte bald (**fest?stehen**) ____________________.

H Die Leiter muss (**fest?stehen**) ____________________, bevor du hinaufsteigst.

I Wir können im Moment kein Geld (**locker?machen**) ____________________.

J Die Hausaufgaben kann ich noch (**locker?machen**) ____________________, bevor ich ins Kino gehe.

K Wenn du hartes Brot isst, musst du schon (**fest?beißen**) ____________________.

L Bei Matheaufgaben kann ich mich manchmal ziemlich (**fest?beißen**) ____________________.

2 Bilde zu jeder Wortgruppe aus Adjektiv + Verb im Wortspeicher zwei Beispielsätze, bei denen die Wortgruppe einmal getrennt und einmal zusammengeschrieben wird.

schwer + fallen · schwarz + fahren · klein + schreiben

____

____

____

____

____

Verbindungen mit *sein*

1 Unterstreiche im folgenden Text alle Verbindungen mit *sein*. Achte auch auf die unterschiedlichen Zeitformen.

Freunde sollten immer füreinander da sein. So bin ich z. B. für meine Freundin da gewesen, als ihr Hund krank war. Jeder, der eine solche Situation schon erlebt hat, weiß, dass man dann nicht gerne allein sein möchte. Schon das Zusammensein spendet Trost, auch wenn man in einer solchen Situation nicht viel sagen kann.

2 Übertrage die Tabelle in dein Heft und ergänze zu jeder Wortgruppe mit *sein* im Wortspeicher Beispielsätze wie vorgegeben.

da + sein · zusammen + sein · hier + sein · allein + sein

Wortgruppe im Infinitiv	Wortgruppe im Perfekt	Nominalisierung der Wortgruppe
Ich möchte immer für dich da sein.	Als ich klein war, sind meine Eltern immer für mich da gewesen.	Das Dasein vieler Zirkustiere ist bemitleidenswert.
...	...	...

Strategien anwenden

1 Kreuze an, welche Proben dir in den einzelnen Fällen helfen, über die Getrennt- und Zusammenschreibung zu entscheiden. Unterstreiche dann die jeweils richtige Schreibung.

A Das früher häufig verordnete lange **Stillsitzen / still sitzen** am Tisch fiel vielen Kindern schwer.
☐ Betonungs-/Bedeutungsprobe
☐ Artikelprobe

B So mancher Zappelphilipp musste sich dabei extrem **zusammen nehmen / zusammennehmen**.
☐ Betonungs-/Bedeutungsprobe
☐ Artikelprobe

C Aber auch vielen ruhigeren Kindern ist das häufig **schwer gefallen / schwergefallen**.
☐ Umstellprobe
☐ Betonungs-/Bedeutungsprobe

D Sie trauten sich nicht, hätten aber am liebsten laut **Weh geklagt / wehgeklagt**.
☐ Umstellprobe
☐ Betonungs-/Bedeutungsprobe

E In vornehmeren Haushalten musste während des Essens die gesamte Zeit das Dienstmädchen oder der Butler der Familie **dabei sein / dabeisein**.
☐ Artikelprobe
☐ Regeln anwenden: Verbindungen mit *sein*

F Aus einzelnen Berichten älterer Leute kann man jedoch nicht **Schluss folgern / schlussfolgern**, dass es in allen Familien so streng zuging.
☐ Artikelprobe
☐ Regeln anwenden: Verbindungen mit *sein*

Teste dich! **Getrennt- und Zusammenschreibung**

1 **Entscheide jeweils über die Getrennt- oder Zusammenschreibung und ergänze die Wörter in der richtigen Schreibung.**

Die Eltern meiner Freundin sind sehr streng: Beim Mittagessen neulich mussten wir unseren Teller ____________________ (leer + essen), ____________________ (still + sein) und die Eltern fragen, ob wir ____________________ (auf + stehen) dürfen. Ich muss sagen, dass mir das ziemlich ______________________ (schwer + gefallen) ist. Das lange ____________________ (still + sitzen) konnte ich kaum ________________ (aus + halten), am liebsten wollte ich ______________________ (davon + laufen)! Das ______________________ (pünktlich + sein) ist den Eltern meiner Freundin auch sehr wichtig. Manchmal kann meine Freundin dem Druck von Zuhause kaum noch __________________ (Stand + halten) und würde am liebsten _______________________ (fort + gehen). Sie fragt mich dann: „Warum können meine Eltern nicht einfach mal auf mich ________________________ (stolz + sein)?“ Hinzu kommt leider, dass meine Freundin Probleme in der Schule hat. Wenn sie die nächste Mathearbeit wieder nicht __________________________ (gut + schreiben), muss sie die Klasse wiederholen. Sie versucht, sich nichts ______________________ (an + merken) zu lassen, aber ich merke trotzdem, dass sie ________________________ (Angst + haben). Sollte sie sich für die Mathearbeit vielleicht von einem Arzt _____________________ (krank + schreiben) lassen? Sie kann einem wirklich ______________________ (Leid + tun). Ich werde meine Freundin aber nicht hängen lassen, sondern versuche, sie ______________________ (ab + lenken). Im Sommer klappt das am besten, wenn wir draußen ________________________ (Rad + fahren), ________________________ (schwimmen + gehen) oder in unserem Lieblingscafé ____________________ (Eis + essen). Im Winter gehen wir zwar häufig ________________________ (Eis + laufen), aber das mögen wir beide nicht ganz so gerne. Das Leben könnte so _________________ (einfach + sein) – ohne allzu strenge Eltern, ohne Schule …

Fremdwörter richtig schreiben

S. 282

1 Suche die passenden Fremdwörter aus dem Griechischen zu den folgenden Erklärungen.

Bühne, Aufführungsort: ______	Warmhalteflasche: ______
Bücherei: ______	Geschäft zum Verkauf von Heilmitteln: ______
Leitsatz, Behauptung: *die These*	Zuneigung: ______
Königssitz: ______	Abneigung: ______
Gegensatz von Praxis: ______	Religionslehre: ______

2 Sortiere die Fremdwörter aus dem Wortspeicher nach ihrer Herkunft.

~~der Charme~~ · die Chance · der Chef · ~~das Foul~~ · die Fairness · die Mail · das Orange · der Job · das Internet · cool · ~~permanent~~ · das Suffix · das Präfix · das Attribut · das Territorium · inklusiv · der Aperitif · die Béchamelsoße · der Beachvolleyball · der Friseur · dividieren · der Input · der Entertainer · das Fast Food · liberal · präsentieren · der Clown · die Creme · chic

Latein	Englisch	Französisch
permanent	*das Foul*	*der Charme*

3 Suche zu den Wörtern im Wortspeicher so viele verwandte Wörter wie möglich. Schreibe in dein Heft.

das System · der Friseur · der Export · sozial · legal · produzieren

System: *systematisieren, ...*

Die Regeln der Zeichensetzung wiederholen

S. 286

Das Komma in Aufzählungen und Satzunterbrechungen

1 Überprüfe, bei welchen Aufzählungen du ein Komma brauchst. Ergänze die fehlenden Kommas.
Tipp: Achte dabei auf nebenordnende und entgegenstellende Konjunktionen.

A Zur Schule fahre ich entweder mit der Straßenbahn oder mit dem Rad.
B Meine Schwester mag weder Gemüse noch Reis oder Kartoffeln sondern nur Nudeln.
C Wir schenken Karl zum Geburtstag ein ganz neues gerade auf den Markt gekommenes spannendes Computerspiel.
D Ich mag gerne frische grüne Gurken aber auch eingemachte saure Gurken schmecken mir.
E Auf der Hannover-Messe werden die neuesten technischen Entwicklungen gezeigt.
F Am 1. Januar wünscht man sich ein gutes neues Jahr.
G An unserer Schule werden sowohl Englisch als auch Latein Französisch sowie Spanisch angeboten.

2 Erläutere die Aussagen mit passenden Ergänzungen aus dem Wortspeicher. Achte auf die Kommas.

A Wir schreiben am Freitag eine Englischarbeit, und das auch noch in der 7. Stunde.

B Dafür muss ich noch den ganzen Vormittag üben ______

C Max und Attila haben sich in der Pause gestritten ______

D Wir haben dieses Jahr nur zwei AG-Angebote ______

E Meine Familie macht gerne Radtouren an Flüssen entlang ______

und zwar · das heißt · zum Beispiel · also · nämlich · vor allem · insbesondere · besonders

~~und das auch noch in der 7. Stunde~~ · Volleyball und Schach ·
an der Weser oder der Mosel · die „irregular verbs“ · ziemlich heftig

3 Aufzählung oder Unterbrechung?
Probiere mit der Kommasetzung die Varianten aus: Setze die Kommas für eine Aufzählung in Rot und für eine Satzunterbrechung in Blau.

A Wir lesen im Deutschunterricht „Kleider machen Leute“ eine Novelle von Gottfried Keller und einen Jugendroman.

B Das Taxi ein heller Mercedes und ein schwarzer Golf stießen an der Kreuzung zusammen.

Das Komma in Satzreihen und Satzgefügen

Chase Dellwo besiegt Grizzly mit Großmuttertrick

(1) Die Attacke eines Grizzlybären ist für einen Mann der aus dem US-Staat Montana stammt relativ glimpflich ausgegangen denn er erinnerte sich an einen Ratschlag seiner Großmutter. (2) Die Zeitung „Great Falls Tribune" berichtete dass Chase Dellwo der von dem Bären angegriffen wurde dem Tier seinen Arm in den Rachen stieß woraufhin es tatsächlich von ihm abließ. (3) Der 26-jährige Bogenschütze machte am vergangenen Samstag mit seinem Bruder einen Jagdausflug und fand sich unvermittelt mit einem 180 kg schweren Grizzlybären konfrontiert. (4) Dellwo war zuvor an einem Bach entlanggelaufen um eine Herde Elche auf einen Bergkamm zu treiben auf dem sein Bruder wartete. (5) Dass er dabei einem Grizzlybären gefährlich nahe kam bemerkte er allerdings erst als das Tier nur noch einen Meter von ihm entfernt war. (6) Dellwo sagte dass der Bär geschlafen habe weshalb dieser ihn nicht habe kommen sehen. (7) Dann wachte der Grizzly plötzlich auf und Dellwo konnte nur wenige Schritte zurückgehen. (8) Der Bär zog ihm die Beine weg und biss ihm in den Kopf. (9) „Er ließ dann ab aber war immer noch über mir und ließ dann ein unglaublich lautes Brüllen los", berichtete Dellwo. (10) Als der Bär erneut zugebissen und ihn durch die Luft gewirbelt hatte hatte Dellwo einen Geistesblitz bevor der Bär wieder auf ihn losging. (11) Er erinnerte sich an einen Artikel den seine Großmutter ihm vor langer Zeit gegeben hatte und worin es hieß dass große Tiere schlechte Würgereflexe hätten. (12) „Also rammte ich meinen rechten Arm in seinen Rachen und das zeigte Wirkung denn der Bär machte sich tatsächlich davon." (13) Dellwo fand seinen Bruder der ihn ins Krankenhaus brachte. (14) Dort wurden seine Wunden am Kopf und im Gesicht mit Heftklammern genäht ein geschwollenes Auge und tiefe Wunden am Bein trug er außerdem davon.

1 a) Unterstreiche in der Zeitungsmeldung Hauptsätze grün und Nebensätze rot.
Tipp: Achte auf die Stellung des finiten Prädikatsteils.
b) Setze alle notwendigen Kommas im Text.
c) Stelle die Sätze mit den Nummern (5), (11) und (13) in einem Satzbild dar wie im Beispiel. Schreibe in dein Heft.

Beispiel:
(1) 1. Hauptsatz (1. Teil), Nebensatz, 1. Hauptsatz (2. Teil), 2. Hauptsatz.

Die Zeichensetzung bei wörtlicher Rede

Auf einmal ist alles anders *Ben Kuipers*

Hoefnagels, gerade stehen! Martjes Schultern schieben sich tatsächlich etwas zurück. Das sieht Frits. So! ruft Tarzan. Heute will ich euch an den Ringen sausen sehen. Frits seufzt. Letztes Jahr, mit dem alten Herrn Rovers, war Turnen leicht zu schaffen. Doch mit diesem fanatischen Tarzan ist es einfach schrecklich. Probleme, Kamerling? erkundigt sich Tarzan. Bist du jetzt schon so müde, Junge, dass du gleich stöhnen musst?

Frits hat gar nicht gemerkt, dass er so laut geseufzt hat. Gerade für dich, Kamerling, sind körperliche Betätigungen von großer Bedeutung. Wirklich, es ist schön, dass du in allen Fächern so gute Noten hast, aber ein gesunder Geist gehört in einen gesunden Körper. Das haben schon die alten Römer gesagt. Gut, gehen wir heute also an die Ringe ... Frits meldet sich. Was ist denn schon wieder, Kamerling? Sie haben das Zitat falsch verwendet. Es ist ein Satz des Dichters Juvenal, und er meinte damit nicht, dass die Leute mehr Sport treiben sollten. Im Gegenteil, es war eine Warnung vor zu viel Sport. Ein gesunder Körper sei gut, aber man sollte nicht vergessen, dass in den gesunden Körper ein gesunder Geist gehöre. Red keinen Quatsch, Kamerling schnauzt Tarzan. – Also an die Ringe. Und ... Ich rede keinen Quatsch sagt Frits böse. Es gibt sehr viele Sprüche, die ständig falsch zitiert werden: Ihr Sinn wird in das Gegenteil verkehrt. Letzte Woche habe ich zufällig ein Buch darüber gelesen. Da kommt man aus dem Staunen nicht mehr raus. Wissen Sie, was auch immer falsch verwendet wird? East is east and west is west. He, den Spruch kenne ich sagt Hein. Das heißt, dass die Menschen aus dem Osten und die aus dem Westen so verschieden sind, dass sie einander nie verstehen können. Eben nicht! ruft Frits. Jetzt reicht's aber! brüllt Tarzan. Nein? fragt Hein erstaunt. Bist scharf auf Schwierigkeiten, Hein? fragt Tarzan drohend. Hein ist für ihn einer der wenigen Vornamen in der Klasse. Hein ist ein Sportass. Bestimmt nicht sagt Hein ich habe wirklich schon genug Probleme. Aber ich finde es doch sehr interessant, was Frits da sagt. East is east and west is west erklärte Frits ist ein Satz des englischen Schriftstellers Kipling. Tarzan stößt einen schnaubenden Ton aus. Er meinte damit, dass die Erdteile weit voneinander entfernt sind und sich nie berühren werden. Doch die Menschen könnten das. Menschen können zueinander kommen. Verdammt sagt Hein das ist tatsächlich das Gegenteil. Tarzan brüllt ohrenbetäubend Jetzt ist aber Schluss! Jetzt sind alle still!

1 Setze in diesem Text die erforderlichen Satzzeichen und die Redezeichen der wörtlichen Rede.

Das Komma vor Infinitivgruppen

1 Unterstreiche in den Sätzen die Infinitivgruppen. Setze dann die Kommas, mit denen du die Infinitivgruppen abgrenzen kannst.

Achtung, Fehler!

A Ich bitte Sie (,) das Fehlen meiner Tochter vom 12. bis zum 15. April zu entschuldigen.
B Christophs Mutter hat angeboten mich nach der Theatervorstellung mit dem Auto nach Hause zu bringen.
C Vergiss nicht die Tür abzuschließen wenn du gehst.
D Mein kleiner Bruder weigerte sich gestern den Müll rauszubringen.
E Hilf mir bitte die Einkaufstaschen ins Haus zu tragen und schließ anschließend den Wagen ab.
F Wir haben uns vorgenommen im Sommer in die Berge zu fahren.

2 Verwandle die folgenden Sätze so, dass die Infinitivgruppen abgetrennt werden können. Setze mögliche Kommas.

A Frau L. hatte gerade die Aufgabe zu erklären begonnen, als es klingelte.

Frau L. hatte gerade begonnen, ______________________

____

B Die Hausaufgabe bat Herr K. sehr sorgfältig zu machen.

____

C Ich habe mir zwar aufzupassen vorgenommen, aber es ist mir nicht gelungen.

____

3 In den meisten Fällen *kannst* du vor einer Infinitivgruppe ein Komma setzen (musst es aber nicht), in manchen Fällen *musst* du es setzen (siehe Infokasten).
a) Unterstreiche in den folgenden Sätzen die Infinitivgruppen und trenne sie mit einem Komma ab.
b) Überprüfe mithilfe des Info-Kastens unten, ob du die Infinitivgruppen abtrennen *kannst* oder *musst*. Schreibe ein K für *kann* und ein M für *muss* in das Kästchen

A Manch einer kann lügen, ohne rot zu werden. [M]
B Ich will versuchen dir zu helfen. [ ]
C Mein Großvater zieht sich mittags immer zurück um ein Nickerchen zu machen. [ ]
D Wir versprachen einander immer ehrlich zu sein. [ ]
E Meine Mutter bat mich schnell nach Hause zu kommen. [ ]
F Anstatt in den Bergen zu wandern würde ich es vorziehen eine Radtour zu machen. [ ]
G Es gibt nichts Schöneres als am Wochenende auszuschlafen! [ ]

Info: Das Komma vor Infinitivgruppen

Einige Infinitivgruppen **musst du mit Komma abtrennen**, und zwar wenn sie durch *als, außer, um, ohne* oder *statt/anstatt* eingeleitet werden, z. B.:
Ich würde alles tun, um dir deinen Wunsch zu erfüllen.

Teste dich! **Die Regeln der Zeichensetzung anwenden**

Theo Boone und der unsichtbare Zeuge *John Grisham*

Achtung, Fehler!

Der 13-jährige Theodore Boone ermittelt für sein Leben gern in der Welt des Verbrechens und sorgt für Gerechtigkeit, wo immer ihm Missstände auffallen. In seinem ersten Fall verfolgt Theo einen Mordprozess, in dem sich ein Freispruch des Angeklagten abzeichnet. Theo hält jedoch den Angeklagten für schuldig und recherchiert selbstständig …

Theodore Boone war Einzelkind und frühstückte deswegen meist allein. Sein Vater ein viel beschäftigter Anwalt ging früh aus dem Haus weil er sich jeden Morgen um sieben in einem Diner in der Innenstadt mit Freunden traf um einen Kaffee zu trinken und den neuesten Tratsch zu erfahren. Theos Mutter selbst eine viel beschäftigte Anwältin wollte seit zehn Jahren zehn Pfund abnehmen und hatte deswegen beschlossen dass Kaffee und die Zeitung zum Frühstück reichten. Also saß Theo allein am Küchentisch aß seine Cornflakes mit kalter Milch und trank seinen Orangensaft ohne dabei die Uhr aus den Augen zu lassen. Bei den Boones gab es überall Uhren wie es sich für eine gut organisierte Familie gehörte. […]
Theo […] schnallte sich schwungvoll seinen Rucksack auf den Rücken kraulte Judge am Kopf und verabschiedete sich. Dann lief er durch die Küchentür nach draußen schwang sich aufs Rad und flitzte durch die Mallard Lane eine schmale Straße mit vielen Bäumen im ältesten Teil der Stadt. Er winkte Mr. Nunnery zu der es sich bereits auf der Veranda gemütlich machte von wo aus er den lieben langen Tag das bisschen Verkehr beobachtete das sich ins Viertel verirrte. An Mrs. Goodloe die am Straßenrand stand sauste Theo wortlos vorbei weil sie so gut wie taub war und auch so nicht mehr viel mitbekam. Dafür warf er ihr ein Lächeln zu das sie jedoch nicht erwiderte weil ihr Gebiss irgendwo im Haus lag. Der Frühling hatte gerade erst begonnen und die Luft war klar und kühl. Theo trat so kräftig in die Pedale dass der Wind in seinem Gesicht brannte. Um 8:40 Uhr musste er im Klassenzimmer sein und er hatte vor der Schule noch wichtige Dinge zu erledigen.

1 Setze alle fehlenden Kommas im Text.

2 a) Unterstreiche in den folgenden Satzgefügen die Hauptsätze rot und die Nebensätze blau.
b) Stelle die Satzgefüge jeweils in einem Satzbild wie im Beispiel mit den notwendigen Kommas dar.

A Der 13-jährige Theodore Boone ermittelt für sein Leben gern in der Welt des Verbrechens und sorgt für Gerechtigkeit wo immer ihm Missstände auffallen.

Satzbild: Hauptsatz (1. Teil) Hauptsatz (2. Teil), Nebensatz.

B Er winkte Mr. Nunnery zu der es sich bereits auf der Veranda gemütlich machte von wo aus er den lieben langen Tag das bisschen Verkehr beobachtete das sich ins Viertel verirrte.

Satzbild:

C An Mrs. Goodloe die am Straßenrand stand sauste Theo wortlos vorbei weil sie so gut wie taub war und auch so nicht mehr viel mitbekam.

Satzbild:

D Dafür warf er ihr ein Lächeln zu das sie jedoch nicht erwiderte weil ihr Gebiss irgendwo im Haus lag.

Satzbild:

das oder *dass*? Auf die Wortart kommt es an

S. 295

Unnützes Wissen?

A Das Oberlandesgericht von Nordrhein-Westfalen, das in Düsseldorf ansässig ist, hat entschieden, dass ein Kind höchstens fünf Vornamen haben darf.

B Kaiser Wilhelm I. verfügte ______________ Überquerungen mit der Fähre über den Nord-Ostsee-Kanal kostenlos seien. Damit wollte er das Volk ______________ sich über die ins Leere führenden Straßen empörte besänftigen. Die Regelung ist immer noch in Kraft.

C ______________ es auf der Welt viele verschiedene Sprachen gibt ist selbstverständlich. ______________ sich aber auch die Gebärdensprachen für Gehörlose in den Ländern der Welt unterscheiden ist erstaunlich. Das führt z. B. dazu ______________ britische und amerikanische Gebärdensprachler sich kaum verstehen.

D Es hört sich zwar an wie ein Aprilscherz, aber es ist wahr ______________ in den 1970er-Jahren ein norwegischer Nationalspieler ein Länderspiel absagen musste, weil er mit einem Elch zusammengestoßen war.

E Im Jahre 1562 lieh die Kleinstadt Mittenwalde dem armen Berlin ______________ damals noch klein und unbedeutend war 400 Gulden. Dieser Schuldschein wurde vor einiger Zeit entdeckt. Der Bürgermeister von Mittenwalde erklärte aber ______________ er das Geld nicht zurückfordern werde.

F Das deutsche Autobahnnetz ______________ mit über 12 700 km das drittlängste der Welt ist ist zwar gut ausgebaut, hat aber den Nachteil ______________ man durch die vielen Baustellen häufig im Stau steht.

G Wissenschaftler fanden heraus ______________ sich die Herzschläge von Chormitgliedern beim Singen einander angleichen.

1 Setze das Relativpronomen *das* oder die Konjunktion *dass* ein. Gehe so vor:
- Überprüfe deine Entscheidung, indem du entweder das Bezugswort des Relativpronomens oder das Verb, das einen *dass*-Satz erfordert, unterstreichst.
- Setze die fehlenden Kommas.

2 Ergänze mit den unten stehenden Informationen passende Nebensätze. Achte darauf, ob du das Relativpronomen *das* oder die Konjunktion *dass* verwenden musst, und setze die korrekten Kommas.
Tipp: Das Relativpronomen *das* kannst du mit *welcher/welche/welches* ersetzen. Die Konjunktion *dass* kann nicht ersetzt werden.

A Wusstest du ____

____

B Im Pazifik gibt es ein Volk ____

____

C Das 50-Cent-Stück in Australien ____

war aufgrund steigender Silberpreise zwei Dollar wert.

D Eine groß angelegte Befragung von Weihnachtsmarktbesuchern förderte zutage ____________________

____

E Im Verzeichnis der beliebtesten Vornamen ____

stand Maximilian an erster Stelle.

F ____

hätte ich nicht vermutet.

G Das britische Parlament erließ 1848 ein Gesetz ____

____

H Nach einem britischen Gesetz von 1845 war ein Selbstmordversuch ein Kapitalverbrechen ____________________

____

das Verzeichnis der beliebtesten Vornamen erschien 2011 • das Kapitalverbrechen wurde mit dem Tode durch Hängen bestraft • in einem 150-Gramm-Becher Erdbeerjoghurt ist gerade einmal ein Viertel einer Erdbeere enthalten • jeder Weihnachtsmarktbesucher gibt durchschnittlich 27 Euro aus • ein Volk im Pazifik verehrt den Ehemann der englischen Queen, Prinz Philipp, als Gottheit • Europa ist der einzige Kontinent ohne Wüste • das 50-Cent-Stück in Australien enthielt ursprünglich 80 % Silber • das Gesetz legte fest: jedes neu gebaute Haus musste mindestens eine Toilette haben

Deutschzeit

Arbeitsheft **3**

Textquellenverzeichnis

S. 4–5: Seibt, Philipp: Rohstoff für Schokolade: Millionen Kinder müssen auf Kakaoplantagen schuften. Aus: http://www.spiegel.de/wirtschaft/service/schokolade-kinderarbeit-auf-kakaoplantagen-nimmt-zu-a-1046525.html [16.09.2016]. **S. 18–19:** Wethekam, Cili: Neid ist grau mit gelben Punkten. Aus: Michael Ende; Irmela Brender (Hrsg.): Bei uns zu Hause und anderswo. Stuttgart: K. Thienemanns Verlag, 1976. **S. 21:** ebd. **S. 22:** Hebel, Johann Peter: Der Zahnarzt. Aus: Ders.: Schatzkästlein des rheinischen Hausfreundes, Frankfurt am Main: Fischer Taschenbuch Verlag, 2008, S. 64. **S. 24–26:** Sachar, Louis: Löcher. Die Geheimnisse von Green Lake. Übersetzt von Birgitt Kollmann. Weinheim/Basel: Beltz & Gelberg in der Verlagsgruppe Beltz, © 1999/2002, S. 26–247 [Auszüge]. **S. 28–29:** Hacks, Peter: Der Bär auf dem Försterball. Berlin: Eulenspiegel. Das Neue Berlin Verlagsgesellschaft mbH & Co. KG, © 2004. **S. 32–33:** Goethe, Johann Wolfgang: Der Zauberlehrling. Aus: Sämtliche Werke. Band 2: Die Gedichte 1800–1832. Hrsg. von Karl Eibl. Frankfurt am Main: Deutscher Klassiker Verlag, 2010, S. 141–144. **S. 35:** Fontane, Theodor: Die Brück' am Tay. Aus: Sämtliche Romane, Erzählungen, Gedichte. Nachgelassenes. Hrsg. von W. Keitel und H. Nürnberger. Band 22. Frankfurt am Main: Wallenstein, 1979, S. 287–289. **S. 38–39:** Teves, Christoph: Die Anfänge des Films. Aus: http://www.planet-wissen.de/kultur/medien/anfaenge_des_films/index.html [01.09.2016]. **S. 42:** Nach: Ruschkowski, Katharina von: Und ab! – In vier Schritten zum eigenen Film. Aus: Geolino extra Nr. 49. Hamburg: Gruner + Jahr, 2014, S. 92 ff. **S. 45:** Hawking, Lucy und Stephen: Der geheime Schlüssel zum Universum. In Zusammenarb. mit Christophe Galford. Aus dem Engl. von Irene Rumler. München: cbj Verlag, 2007. **S. 52:** Luise Heine: Interview Wolfgang Hohlbein: http://www.geo.de/geolino/mensch/8258-rtkl-interview-wolfgang-hohlbein [27.09.2016]. **S. 60:** Nach einer Meldung der AFP [Agence France-Presse] vom 08.09.2015. **S. 63:** Nach einer Meldung der dpa [Deutsche Presse-Agentur] vom 19.05.2015. **S. 74:** Nach: http://www.rp-online.de/panorama/ausland/chase-dellwo-besiegt-grizzly-mit-grossmutter-trick-aid-1.5450342 [16.09.2016]. **S. 75:** Kuipers, Ben: Auf einmal ist alles anders. Aus dem Niederländischen von Mirjam Pressler. Bindlach: Loewe Verlag, 1994, S. 8–10. **S. 77:** Grisham, John: Theo Boone und der unsichtbare Zeuge. Aus dem Amerikan. von Imke Walsh-Araya. München: Heyne, 2015, S. 5–7.

Bildquellenverzeichnis

S. 4 links: Daniel Rosenthal/laif; **S. 4 rechts:** Fotolia/picsfive; **S. 8:** Fotolia/photocrew; **S. 10**: Mit freundlicher Genehmigung © Kellogg; **S. 12 (beide Bilder):** © Deutscher Handwerkskammertag (DHKT); **S. 14:** blickwinkel/P. Royer; **S. 15:** Colourbox; **S. 31:** © Theater Paderborn/Meinschäfer; **S. 38 oben:** epd-bild/akg-images; **S. 38 unten:** Shutterstock/Everett Historical; **S. 49**: Clipdealer/Elena Duvernay; **S. 63**: Shutterstock/Chris Moody; **S. 74:** Colourbox/Volodymyr Burdyak

Redaktion: Janina Bachur, Mareike Zastrow

Illustrationen: Bianca Schaalburg, Berlin
Umschlaggestaltung und Layoutkozept: WERNERWERKE GbR, Berlin, unter Verwendung von Fotos von Corbis / © Peter Kelly / ableimages / Corbis (Gras mit Tautropfen) und Shutterstock / Antonov Roman (Kranich)
Technische Umsetzung: L101 Mediengestaltung, Fürstenwalde

www.cornelsen.de

Dieses Werk berücksichtigt die Regeln der reformierten Rechtschreibung und Zeichensetzung.
Bei den mit [R] gekennzeichneten Texten haben die Rechteinhaber einer Anpassung widersprochen.

Alle Drucke dieser Auflage sind inhaltlich unverändert und können im Unterricht nebeneinander verwendet werden.

Druck: Athesiadruck GmbH

1. Auflage, 2. Druck 2023
Arbeitsheft 3 mit interaktiven Gratis-Übungen
978-3-06-063191-9

1. Auflage, 1. Druck 2017
Arbeitsheft 3 mit interaktiven Online-Übungen
978-3-06-063275-6

PEFC-zertifiziert
Dieses Produkt stammt aus nachhaltig bewirtschafteten Wäldern
PEFC
PEFC/18-31-166
www.pefc.de